财富思维

中国高净值人群的财富管理策略

姜峰 周昊 著

中国经济出版社
CHINA ECONOMIC PUBLISHING HOUSE
·北京·

图书在版编目（CIP）数据

财富思维：中国高净值人群的财富管理策略 / 姜峰，周昊著．-- 北京：中国经济出版社，2021.5（2021.9 重印）

ISBN 978-7-5136-6471-4

Ⅰ．①财… Ⅱ．①姜… ②周… Ⅲ．①投资管理 - 研究 Ⅳ．① F830.593

中国版本图书馆 CIP 数据核字（2021）第 081901 号

项目统筹 袁啸云
策划编辑 崔姜薇
责任编辑 王骏雄
责任印制 马小宾
封面设计 任燕飞装帧设计工作室

出版发行 中国经济出版社
印 刷 者 北京力信诚印刷有限公司
经 销 者 各地新华书店
开　　本 880mm × 1230mm 1/32
印　　张 7.125
字　　数 129 千字
版　　次 2021 年 5 月第 1 版
印　　次 2021 年 9 月第 2 次
定　　价 68.00 元
广告经营许可证 京西工商广字第 8179 号

中国经济出版社 网址 www. economyph. com 社址 北京市东城区安定门外大街58号 邮编 100011
本版图书如存在印装质量问题，请与本社销售中心联系调换（联系电话：010-57512564）

媒体人士推荐

本书的两位作者认为“富是一种状态，而不是一个结果”。金钱之所以青睐高净值人群，那是因为金钱有其流动的规律。如果你想了解财富流动的规律，那么不妨读一下这本书，开卷有益。

——第一财经电视独立制作人　朱韶民

过去，财富管理往往集中在高净值人群身上。其实，大多数人通过一定的财富管理训练，培养一定的财富管理思维，也不是没有成为高净值人士的可能的。正如作者所述：向富之心并不可耻。

——《中国经济时报》主任记者　姜业庆

在大变革的时代，我们需要研究的不只是高净值人群如何变富，还应研究财富背后的人类文明。

——“腾讯·大家”专栏作家、经济金融网主编　本力只有深入了解高净值人群，掌握与高净值人群沟通的方式，才能更好地服务他们。

——“中国新闻奖”获得者、“巴比特”主编　汤霞玲

我们每个人都想拥有财富，但我们是否认真思考过如何才能创造财富？阅读本书，寻找你想要的答案。

——金融界网站基金频道主编　仇霞

高净值人群关注健康，是医疗投资的积极参与者和推动者。随着高净值人群规模的逐渐扩大，个性化、定制化的医疗服务将为高端医疗带来更大的发展空间。

——动脉网创始人　李大韬

财富有种特别简单的魔力，它激励着人们前行。作者身在财富圈，看到的是财富本质，写的是他人通过不同路径致富的故事。

——中国新闻社上海分社新媒体副主任　曹卉

商界人士推荐

高净值人群的财富管理有三个进阶目标：一是基础保值；二是理财增值；三是复利滚动。实现这三个目标，让财富的增长成为时间的玫瑰。

——和君集团董事长、和君商学院院长　王明夫

身体是革命的本钱，健康的身体是高净值人群拥有持续生命力和创造力的基础。健康财富、物质财富、精神财富，都是高净值人群必不可少的财富组成部分。

——海王集团执行总裁　高锦民

高净值人群强大的消费能力和丰富的投资需求为金融市场带来了巨大的商机。券商私人银行业务将成为未来券商整体零售业务体系中“皇冠上的宝石”。

——前国信证券深圳泰九分公司总经理　张定军

高净值人群中的女性群体不能被忽视，她们不但可以在商界独当一面，还可成为家族财富和文化传承中的重要

精神纽带。

——深圳市巾帼潮商会主席　许少丹

开卷有益，这本有关高净值人群的书，将会开启我们对于如何将能力转化为财富，又如何将财富转化为可持续增长的资产等问题的思考。人只有不断审视自身，才能避免掉入幸存者偏差的思维陷阱之中。

——深圳华强集团董事　王瑛

中国企业开始进入从“创一代”到“传二代”的历史发展时期，只有做好财富管理与传承，方能从容应对经济发展所带来的不确定性。

——汇生国际董事长、财富管理专家　黄少英

独立理财师的真正价值在于对高净值客户的精细化、专业化服务。作为独立理财师，我推荐您阅读此书，只有了解高净值客户对于财富管理的需求，才可实现真正的价值赋能。

——理享家 CEO　朱超

实现价值赋能的资产配置，或许才是中国高净值人群财富管理的最佳方式。

——国际资产规划师协会中国区主席　李华

改革开放40余年，经济的高速发展造就了越来越多的高净值人士。如何为高净值人士服务？如何让他们在中国经济发展中发挥更大的作用？不管您是高净值人士，还是在成为高净值人士的路上，本书都可以为您提供一些借鉴。

——深圳市国际金融研究会执行会长　任广斌

中国的高净值人群看得懂大势，找得到产业升级中的机会，懂得借力资本引擎，持续保持自身的财富竞争力。

——君为科技董事长　曾乔

比起关注财富本身，人们往往更关注财富拥有者的故事。作者通过记录中国高净值人群的核心需求、八大危机等内容，勾画出这一人群因财富而改变的人生轨迹，揭开高净值人群的面纱。

——深圳市妇女社会组织促进会名誉主席　史依丽

新时代女性不仅拥有自己的事业，能够创造财富、贡献价值，同时，她们还兼具家庭财富规划师、子女教育辅导师、家族文化传承者、美好生活方式倡导者等角色，在高净值群体中占据着举足轻重的位置。

——青翎会创始人、深圳红颜会执行会长　李宜平

高净值人群的理财需求更加多元化，风险隔离、家族传承等都非常关键。只有不断关注市场变化，及时调整投资配

置策略，避开投资陷阱，财富才能呈现稳步增长。

——中资国际投资有限公司董事长　黄河

今天中国的高净值家庭，无论财富多少，都只能被称为“新贵家庭”，还需要通过家族传承管理价值平台进行财富再创造。

——家族传承管理专家　程良越

财富来自知识与智慧。阅读这本书会让你的创富梦想有路可循。

——知名出版人　三石

我国的资管市场方兴未艾，未来金融机构的竞争力主要源于资产管理能力，如何以优质成熟的资管能力服务好高净值人群，是一个值得我们不断探索和思考的问题。

——平安基金研究总监　张晓泉

自序
PREFACE

2020 年开年，突如其来的疫情，打破了正常的经济运转以及人们工作与生活的秩序。

经济学家们预测，新冠疫情将永远改变世界经济格局和金融秩序。在人类历史上，每一次经济萧条后都会孕育一批新富。一切事物都遵循着否极泰来的规律，普遍性的悲观情绪到达顶峰后，也预示着好日子即将到来。

黑石集团创始人苏世民先生说："成功的前提是抓住并充分利用那些你无法预测的罕见机会，但抓住这些机会的前提是你必须时刻保持开放的思维、高度的警觉和严阵以待的姿态，并愿意接受重大变革。"

高净值人士 / 家庭的判定标准是：可投资资产在 100 万美元，约合 600 万元人民币以上的个人或家庭。由胡润研究院发布的《2020 方太 · 胡润财富报告》显示，截至 2020 年，拥有 600 万元可投资资产的中国"高净值家庭"数量首次突破 500 万户，比上年增加1.4%。这些家庭总财富达146万亿元。其中，拥有千万元可投资资产的“高净值家庭”数量比上年增加2%，达到了202万户；拥有亿元可投资资产的“超高净值家庭”比上年增加2.4%，达到了13万户。北京依然是拥有最多“高净值家庭”的地区，广东、上海位列第二、第三。

改革开放40余年，中国经济和社会迅猛发展，国内生产总值实现年均10%~15%的高速增长，造就了高净值人士的蓬勃涌现。从某种意义上说，高净值人群就是中国经济起伏变迁的时代缩影。

很多知名的金融机构，如瑞士信贷、招商银行等每年都会发布高净值人群财富报告，大家通常将能否进入高净值人群的行列作为衡量一个人财富的标准。在这样的标准下，会存在很多可投资资产不达标但拥有大量非可投资资产的人不能进入高净值人群的行列。由于这部分人的资产很难进行量化，所以我们在此不作讨论。

高净值人群分布在不同的行业之中，他们当中有企业家、高级管理者、职业投资人、影视演员、专业技术人员等。金融机构一般不会把权力与地位、背景与出身作为划分高净值人士的标准，他们大都是根据财富数量去评估高净值人士的等级。

财富一直在流动，高净值人群之所以能成为财富的拥有者是多种因素聚合的结果。从一线城市到边陲小城，从传统行业到新兴产业，高净值人群是中国经济发展的推动者，他们持续寻找商机，汇聚财富，繁荣经济，创造价值。

本书写给曾经、现在、未来的中国高净值人群，以及想了解他们的朋友们。

目录

CONTENTS

1

CHAPTER

高净值人群画像

如果你做出一个正确的重大决定，你会在经济上有所收获。如果你有足够的创造力，选择了理想的职业，你会成功，并且会大获成功。

——托马斯 · J. 斯坦利

一个行业只有在遇到了合适的经济周期时才能得以迅速发展。高净值人群所在的行业和职业无疑可为我们提供一个很好的观察维度，带我们了解一些行业和职业的现状及其前景。

第一节　高净值人群的职业分类

美国作家托马斯·J. 斯坦利在他所发表的调查研究著作《邻家的百万富翁》中曾说："在研究百万富翁超过20年后，我得出了这样的结论，如果你做出一个正确的重大决定，你会在经济上有所收获。如果你有足够的创造力，选择了理想的职业，你会成功，并且会大获成功。"

根据中国各类金融机构的财富报告显示，从职业分类来看，中国高净值人群大致可分为以下四类：企业所有者、企业经营管理者、专业人士、投资人。本节将从这四类高净值人士入手，分析他们的职业特征。

一、企业所有者

经济学者约瑟夫·熊彼特曾说："企业家是刺激和发动其他一切事情的中枢。我们所说的企业家或创新者就是这样一类特殊人种。他们四处寻找挑战和机遇，为了改变而寻求改变，他们敢于冒险，乐此不疲。"

据中国银行业协会发布的《2019中国家族财富管理与传承白皮书》显示，75%高净值人群的财富均来源于经营企业。个体工商户、民营企业主、上市公司老板是组成该群体的主流。俗话说，小老板做事，中老板做市，大老板做势。有人留在原位，有人选择跃升，生意有大有小，但本质都是一样。他们通过经营企业获得分红，或通过企业股权变现实现个人资产的积累。

企业所有者追求长久的价值，拥有长远的眼光。他们懂得如何布局当下，然后静待花开。他们懂得如何获取最新的消息，拥有判断市场趋势的能力，比常人更容易找到赚钱的机会。正因为他们拥有强烈的赚钱欲望，所以他们才会竭尽全力地完善自我，全身心投入工作中，不给自己留后路，寻找一切致富的机会。

财富 = 价值 × 杠杆，高净值人士的第一桶金从创造价值开始。如果想让财富呈几何式增长，拥有被动收入和多管道收入，就需要借助杠杆。杠杆主要分为两类：

第一，人力杠杆。

人力杠杆有两种：一种就是雇佣更多人，解放单一个体，增加目标完成的速度和数量；另一种就是与他人合伙，借用他人的强项来增加收入渠道和收入来源。

第二，资本杠杆。

老一代企业家很多都是稳扎稳打、一步一个脚印经营自己的企业，他们以不借银行一分钱为荣，有小富即安的心理，不希望冒太大的风险。想扩大经营规模，就要利用资金杠杆加快赚钱的速度。当然，其中的风险也是显而易见的。

正所谓性格决定命运，企业所有者之所以能获取更多的财富，是因为他们拥有一些优于常人的特质。这些特质吸引更多人追随他们，为他们提供信息、资源或者人才。拥有了这些特质，财富的积累自然就成了水到渠成的事情。

企业所有者中不乏胆识过人者，他们勇于冒险，拥有敢为天下先的气魄，精于筹谋和布局，懂得运筹帷幄。同时，他们还拥有超于常人的勤奋和毅力，善于洞察人性。当然，他们中也有一部分人，精于算计，蛮横无理。毕竟，不可能所有的企业主都彬彬有礼，从这个角度来说，坏性格也算是一种显著特质。

企业所有者的相对时间价值很高，他们非常看重相对时间带来的价值回报。谈一笔生意的过程，也是一个价值交换的过程。生意场上没有永远的朋友，也没有永远的敌人，“利”字当先、有利可图永远是企业所有者的兴趣点。

作为企业的掌舵人，他们永远是孤独的，没有人可以告诉他们路该怎么走，很多人会给他们意见，但没有人能替代他们思考，帮助他们作生死攸关的决策。最终拍板的人是风险的承担者，也是风险的受益者。

二、企业经营管理者

企业经营管理者大都是上市公司、大型企业或者跨国集团的高管，民营企业里的核心力量或是老板的左膀右臂。除了工资，奖金也是他们收入的主要来源。他们中的一部分人拥有公司的股权或期权，公司一上市，他们就有可能摇身一变成为高净值人士，资产上千万。这部分人具有良好的教育背景、稳定的经济收入，个人信用度良好，资金沉淀潜力巨大。

职场是个金字塔，能够走到并且能够胜任塔尖位置的人，都是拥有着极强核心竞争力的人，他们可能是财务高手、销售能手或者是运营管理的专家。

2018 年，笔者采访了金证学院院长孙建文先生。他从外科医生到库管员，再到分公司总经理，证券公司、上市公司高管，投资公司股东，再到金证学院院长。在笔者看来，他每一次的职位转换都显得有些突兀，都相当于从零开始。

笔者好奇地问他，为什么在每一个陌生领域他都可以做到卓越？他谦虚地回答说自己没有过人的天赋或技能，也没有清晰的职业规划和目标，可以说每一次的人生转折都是在别人的提携和推动下才发生的。在他看来，一旦选择了一份工作，就必须要扎扎实实地做好，找到自身的不足之处，缺什么补什么，积攒能量，才能蓄势待发。

作为企业的高层管理者，除了过硬的业务能力之外，还要有较强的综合实力，擅长各种关系的沟通协调。既要承受来自企业内部的压力，又要承受来自企业外部的压力；既要能承受住来自老板的压力，又要能处理好员工的不满情绪。抗压力和执行力是企业管理者的基本功。

在高管群体中，民企高管上升空间最大。他们除了拥有一身硬本领之外，最重要的是要了解老板的脾气秉性、做事风格，赢得老板信任才能立于不败之地。

三、专业人士

本书所讨论的专业人士可分为三类：特殊类专业人士、高知类专业人士、专业技术人士。

1. 特殊类专业人士

演员、体育明星、作家、艺术家、网红等都属于特殊类专业人士，他们靠人气和影响力创造财富。一般来说，这些人的职业寿命都比较短，收入不稳定，职业不确定因素强，但他们却可以在短期内实现财富的迅猛增长。

国内知名女演员张庭和她的先生林瑞阳，早早就寻到了他们的最佳出路，实现了华丽的转身。他们通过很多人都瞧不起的微商模式将影响力变现。夫妻二人的商业帝国仅在2018年的纳税额就高达12.6亿元，并且连续多年拿下上海青浦区的纳税前几名。

2. 高知类专业人士

高知类专业人士包括律师、医生和高级教授等。

很多高净值人士都拥有自己的私人医生，私人医生与普通医生最大的不同之处在于，他们不仅有令高净值人士信服的医术，更有令高净值人士可以信任的人品。私人医生的酬劳没有固定的标准。一个医生朋友是中医世家第三代传人，他告诉笔者说，之前他看诊的一位商人，通过他的调理后，身体有了好转，随手就包了20万元的红包给他，而他的大部分客户也都是这位商人的亲朋好友，他也因此走进了高净值人士的圈子，成了他们的朋友。他说："其实时间长了，我并不关心他们给了我多少酬劳，我贡献医术，他们提供报酬，同时还让我增长了见识，我所收获的远远超过了金钱本身。"

3. 专业技术人士

专业技术人士包括工程师、会计师，或是某一领域里的技术专家等。很多企业家也是凭技术起家，从而打造了自己的商业帝国。被称为“科创板第一股”的华兴源创科技股份有限公司的老板陈文源就是技术员出身。我们熟悉的腾讯的马化腾、百度的李彦宏也都是技术出身的大牛。掌握专业技术并且敢于冒险，这样的人带着技术出来创业，就有可能迈入高净值人群的门槛。

四、投资人

投资人属于高净值人群中较为另类且神秘的一类，他们不依靠实体经济，而是通过钱生钱的方式获取财富并管理财富。本书所讨论的投资人分为以下四类：二级市场投资人、项目投资人、资本投资人、金融产品投资人。

1. 二级市场投资人

由于早年在电视台做股票节目，笔者采访过很多二级市场投资人，在笔者看来，二级市场投资人大都神秘而低调。在此之前，笔者一直认为二级市场投资人是一个非常棒的职业，只需要一个人外加一台电脑就可以赚钱。但实际上，这份职业远远没有看上去那么简单。

作为二级市场投资人，每日的工作其实就好比在极其残酷的市场里与人厮杀，要与来自四面八方最聪明的陌生人斗智斗勇，用手里的资金扭转乾坤。二级市场投资人所要面对的压力并非来自有形的制度或人群，而是来自内心，投资博弈看似轻松，却随时可能“送命”。历经市场风云变幻后，依旧能够活下来的投资人真的是少之又少。能存活下来，就是本事。

刘飞弹动他手里的烟灰，沉默不语。他身旁的两位大佬朋友在讨论着铜、大豆等期货品种的走势。“钱赚不完，但能赔完”，这是当年二十出头的刘飞印象最深的一句话。

刘飞在谈话中很少发表言论，他大部分时间都沉默不语，没人知道他在想什么。他不喜欢那些经常出现在媒体及论坛上滔滔不绝的人，在他看来，赚到钱的人不会公开告诉别人他赚钱的逻辑。他们的经验复制不了，也无法传授，当然，他们也没有时间与别人交流。

刘飞大部分的时间都在作研究，几十年如一日。即便赚到了钱，他也没空花，他很少去商场、超市，家里的饮食起居都是由他的太太打理。刘飞每天要抽两包软中华，他的座驾是那个极像帕萨特的黑色顶配辉腾。他喜欢楼层低、接地气的房子，家离公司要近，他说这样节约时间。刘飞没有运动的习惯，常年久坐盯着电脑的刘飞患有糖尿病，吃饭前都要打胰岛素。刘飞每年只有春节假期那几日，才会带家人去国外度假作短暂休息。

靠交易赚钱是刘飞的谋生方式。在他看来，做金融投资是一个可以自己掌控节奏，不用求人，也不用看人脸色的赚钱方式。但实际上，看市场的脸色赚钱并没有那么容易，从净赚几万元到几十万元、几百万元，再到一夜之间全部赔掉，重新开始。无人可以分享、倾诉，从赚钱后的自信到赔钱时的彷徨，再到涅槃重生后的坚定，能够“跑”出来的投资人，看重的不是一朝暴富，而是长久稳定的收益。圈子里太多暴富的神话，很多赚过大钱的人，后来都消失不见了。投资人真正的对手是自己，要活得久，才能赚得久。

一个人的手里操纵几百万、几千万、几个亿时的心理状态是不同的。拥有一颗强大的心脏是做投资人的必备条件之一。前些年，在证券市场上冒出来的很多“黑马”，几年之后，他们又都销声匿迹了。“活”下来的很多人，有的在大趋势里赚了大钱，有的在弱势市场中保存实力，活得也不是太差。笔者认识的几位优秀的投资人，都是几经沉浮才找到了适合自己的赚钱逻辑。所以说，投资这条路并不好走，看上去华丽，实则暗藏凶险。

马元在大学期间学的是新闻专业，他最大的梦想是做一名记者。年轻时为了梦想漂泊异乡，在深交所成立之初进入了证券行业。他凭借努力与天赋，在短短几年内就赚到了亿万身家，曾因炒股缴纳的高额税金而进入某一线城市纳税十强名单。后来，他从巅峰跌入了谷底，负债一个亿，不得不从豪宅搬出，住到了握手楼里。二十年的投资经历中，马元共历经三次破产，之后又从困境中起死回生。他说，金融市场玩的不是经验，而是心理。每一次的起死回生都是一次心理上自我修正的过程，只有挺过来、走出来，人才能变得更加强大。

金融市场中的风险，让身在其中的玩家非常懂得克制。市场上一个人赚的就是另一个人输的。玩家要时刻保持警惕、当机立断，市场好的时候，大胆买入并持有，不好的时候，要及时止损斩仓或静心等待最佳的介入时机。

优秀的投资人在市场中长久浸泡，无论经历怎样的风浪，他们都能做到“泰山崩于前而色不变”，所以我们很难去揣摩他们的心理，也很难看到他们烦躁不安。正如投资大师格雷厄姆所说，不能控制自己情绪的人，不适合通过投资来获利。

汉诺贝克在他的《逆向投资心理学》中曾这样总结过：投资大师格罗斯和巴菲特有一个共同的特点，那就是他们都不居住在华尔街。在这条位于纽约曼哈顿的著名街道上，身着黑色或者灰色西装的生意人在此会面、做生意、交换股票和资金。

对于交易者来说，如果每天都被思考、讲述和相信同样东西的人包围，那么就很难摆脱这些思想和感觉，就会卷入盲从的浪潮中。也许，这正是格罗斯和巴菲特成功的秘密——他们都在远离华尔街的地方作出决策，逃避潮流对他们的影响。

笔者曾与一位做爱尔兰移民咨询的朋友聊天，问其在移民爱尔兰的人当中，从事哪类工作的人比较多？朋友说，炒股票的。

2013 年，年近六旬的老欧移民加拿大温哥华。老欧早年是国内第一批的保荐人，推动了多家公司的上市。他现在就是一位职业投资人。他说，到国外后，最大的优势是能用全球的视野和信息去作出更好的判断，投资的品种也更加丰富。他笑谈自己获得的教训比经验多，市场上每天都有机会，无论是上涨还是下跌，全球市场和金融品种都可以成为投资人的交易工具。老欧闲暇时喜欢打高尔夫球、网球，他还是摄影圈里的顶级玩家。在交易中寻找获利机会，在兴趣中享受生活、愉悦自己，这便是老欧的生活哲学。

老欧说，对于那些刚入行的、想跟随他的投资人，他一般都会先问他们几个问题：长线还是短线？多少仓位？小玩还是大博？预期是多少？他说这些都是投资人必须问自己的问题。证券投资之所以是少数人的游戏，是因为专业的二级市场投资人已经在市场里练就了无坚不摧的本领，他们不和市场“谈恋爱”，只为找到最佳的获利机会。

投资人一般不喜欢太复杂的人际关系，也不喜欢去迎合或者配合他人。但如果聊到了他们感兴趣的话题，他们便会滔滔不绝。这类人实属宝藏级别，需要深挖。他们对经济形势的走向有前瞻性的思考和判断，对历史、人文有一定的研究，对新事物的风向也有一定的洞察能力，而这些也正是他们赖以作出正确判断的基石。

职业股民、期民，这类投资人在中国高净值人群中占有很大的比例。他们喜欢在一级或者二级市场里直接参与投资，多余的财富也会进行合理配置。投资没有固定模式，随他们的资金分配及喜好而定。钱多了的时候，他们还会分散投资，布局其他行业。

在没有硝烟的投资战场上，投资人需要坚韧的意志和百折不挠的精神，要耐得住寂寞，人生的至暗时刻无人可以助力，都要靠他们自己挺过来。他们要有能力过滤掉外界的干扰，坚持自己的判断，既要"贪婪"又要谨慎，勇于尝试各种途径。每一次的试错成本都极高，在不断修正的过程中，他们不仅完善了交易模式，也修炼了自己的心智。

投资是概率，任何人都不可能准确预测未来会发生什么。没有一种投资方法可以应对变幻莫测的市场。如果仅仅只是为了赚钱，可能很难在投资这个行当中长久地走下去。投资虽是博弈，但也需热爱才行。想要成为最后的赢家，有运气的成分，但更多需要的是投入百分之百的精力与热情，拥有苦行僧般的专注与坚持，在市场里不断历练、摔打，并能在长期的痛苦中找到乐趣与价值。

2. 项目投资人

几乎所有的企业家做到最后都会变身为项目投资人。有的投实体，有的投金融，有的因路径依赖只投自己熟悉的领域，有的喜欢尝新，投新经济、新领域。商人的思维是，钱只有投出去才可能得到更多的钱，守着一亩三分地，想着小富即安很难赚大钱。

朱莉从常州赶来上海看我，我们相聚在嘈杂的绍兴小馆中，在震耳欲聋的背景音乐里大声地“喊”话。直到后来，人群慢慢散去，只剩下我们俩，我看了下表，已足足过去了4个小时。

朱莉是做建筑生意起家的，后来她将生意交给家人打理，自己又做了项目投资人。她对国内金融产品的乱象表示很无奈，她看不懂，也怕出现风险，所以索性不投。但她愿意投资项目，不管是大的还是小的，认为项目都是能看得到摸得着的。朱莉不是路径依赖者，她喜欢投资新领域，所以她投的那些项目里没有一个是与她曾经做过的行业相关。

她投过自媒体、短视频平台，投过区块链公司以及代餐营养品。她愿意投新行业，希望跟随新经济参与到中国经济的发展中。她一直相信，只有和行业里最年轻的人在一起才会成长。

与大佬们的资本投资不同，一般的高净值人群都是用自有资金进行投资，他们喜欢投资朋友圈里的推荐项目，或者是身边朋友们的项目，又或者是在自己看好却又无力去做的领域进行投资。朱莉的投资逻辑是选新经济赛道，注重看创始团队的默契度和创始人本身的能力和愿力。

像朱莉这类的高净值人士，属于掌握了先机并走到了时代前列的人，但这类人毕竟是少数而已，很多实业老板，没有精力去了解金融产品和投资项目，资金要么回流到企业里，要么存在银行里，大笔现金吃利息，没有让手里的金钱实现其最大的价值。当然，还有一批实业老板，他们到处乱投，原本只专注于自己的企业，但忽然觉得其他行业的某些项目也不错，于是二话不说就把钱投了出去，结果，很多人因此被割了韭菜。即便是声名显赫的企业家也并非都是专业级的投资者，经营企业和投资毕竟是两个不同的赛道，唯一的相同点便是它们都需要参与者投入大量的时间和精力去不断地学习和体验。

3. 资本投资人

资本投资人是金融圈职场里的高阶版本，他们分布在各大投行和创投机构，是一群目光敏锐、顶级聪明的资本猎手。

青松基金的创始人刘晓松是腾讯的首位天使投资人，早年投了 50 万元，占腾讯 20% 的股份，持股 18 年的具体回报值至今是谜，是中国风险投资史上近乎传奇的一位人物。一笔投资的成功可能是运气，但视频直播平台映客、桌游狼人杀、掌门一对一等投资项目的成功，都印证了刘晓松作为资本投资人的眼光。刘晓松说，不了解一个行业时，你的发言是危险的；而了解一个行业时，你的知识就会变成财富。投资人一定要对所投行业有至少一万小时的行业研究，才能稳准狠地选对项目。

在中国创投史上，不得不提的一个人就是沈南鹏。这个15岁拿到全国数学竞赛第一名、18岁免试直升上海交通大学数学系的天才少年，在过去的10年里，带领红衫资本中国基金投出了中国互联网的半壁江山，阿里巴巴、京东、拼多多、高德、美团等中国知名的互联网企业背后都有他的投资，几乎没有人能比沈南鹏更有资格享有"点金手"的美誉。

资本投资人首先要是一个资源整合的高手，善于调动各种资源，组织有能力的人一起合作干一番事业。其次，资本投资人还需要有大智慧去识别新事物的潜在价值和市场机遇。从某种意义上说，独特的投资眼光让他们拥有了预知未来的能力。资本投资人因为有很多的项目要看，所以他们大部分的时间不是在看项目，就是在看项目的路上。他们通过慧眼发现企业中的投资机会和问题，发现行业趋势、价值和洼地。他们不必创造一个企业，而是要投下一个伟大的企业。

"哥伦布发现了新大陆，但J.P.摩根重组了新大陆。"只有拥有强大的资本力量和良好的战略布局，才能让项目成为不可能实现的神话。

阿里巴巴、腾讯、美团、拼多多这些巨头企业，如果不借助资本是不会有今天的业绩的。资本就像加速器，让企业能够在短时间内迅速成长，加速企业的发展。只有成为独角兽，才能拥有定价权和话语权，想要通过小马拉车走到行业龙头的位置是很难实现的。

俗话说，小富靠生意，大富靠资本。如果说企业家和创业者是从零到一，在实体中创造价值，那么资本投资人则是趋势的引领者，他们依靠眼光和胆识在市场中寻找机会，业绩和回报是证明他们优秀的唯一途径。

资本投资人做天使投资、IPO 前期投资，主要是通过收购、兼并重组等玩法，推动企业在资本市场上进行融资，通过市值膨胀赚取超额收益。他们有如一只无形的大手，推动经济产业格局的变革。

4. 金融产品投资人

苏珊姐年轻时在证券公司工作，后来和老公一起经营企业，赚到第一桶金后就开始做起了职业投资，房产、股票、信托、私募基金、境内外金融产品、保险等，是笔者看到为数不多的投产品，且投的品类又多又全的专业级高净值客户。

所谓专业，不是说他们看得多买得多，而是说他们相信自己对产品的理解和判断，很难被他人忽悠或者说服。所以他们每次去金融机构，与客户经理做完 KYC[①] 之后，客户经理都会瞠目结舌，因为好多东西客户经理自己都没听过。

两年前，市场上推出香港的保费融资保险理财产品，开宣讲会时没人能听得太懂，大家都是云里雾里。一般客户就会说："你就告诉我投多少，几年拿回多少就好，或者

① KYC：Know-Your-Customer，了解客户规则。

是最坏的结果是什么。”可苏珊姐对这个产品很感兴趣，手上又正好有港币，于是她就开始研究这个产品。苏珊姐的逻辑就是一定要亲自算出各种可能会出现的结果，以此来评估自己的投资。她拿了几页白纸，在上面写满了她的计算过程和结果。苏珊姐投资顾问团队的成员都被她所列写的各种假设和计算结果所折服，4 天后，苏珊姐签下了这个产品的全国首单。

像苏珊姐这类的高净值人士，他们清楚自己要什么，在投资之前，会找到产品的源头。一般私人银行的客户经理也很难就产品的问题跟他们进行深入的探讨，只能作为一个引荐者，帮助他们找到产品的制作人，让他们与制作人直接对话。

对于金融机构的人来说，这类高净值人群属于较为难搞的客户，但难搞也有难搞的好处，因为他们会用自己的判断来选择产品，他们相信自己的眼光，也同样愿意接受因自己的选择而导致的风险。对于这一点，那些人傻钱多的客户是很难做到的。

投产品的高净值人士，他们无疑就是自己的理财顾问，需要对自己的家庭资产作出详细的规划和安排，了解所投产品的底层资产、风险构成等。如果一个家庭有 2000 万的净资产，通过投产品的方式每年维持 8%~10% 的稳定收益，那么这部分的收益相当于一家小型企业一年的利润。

第二节　高净值人群的创富方式分类

改革开放40多年，中国历经了几次巨大的社会发展浪潮，从因物资短缺而开始的制造业发展浪潮，到城镇化带来的地产财富浪潮，再到加入世贸走向世界后带来的海外投资浪潮，直至互联网、移动互联的出现，每一个跟随时代浪潮而起的个人都是社会发展的受益者。按高净值人群的创富方式，可将其分为传统高净值人群、现代高净值人群、“富二代”三类。传统高净值人群是指通过创办传统企业而致富的高净值人群；现代高净值人群是指通过参与新兴、热门行业或是投资等方式而致富的高净值人群；至于“富二代”，则顾名思义，是指出身富裕家庭、已继承或未来可继承高额财产的人。

一、传统高净值人群

徐伟来自东北农村，高中辍学来省城舅舅家的塑料厂里打工，然而他并没有因为是亲戚而得到特殊的照顾。他夜里睡在机器上面间隔出来的狭小空间里，巨大的轰鸣声总是让他彻夜难眠。

他说，现在回想起来，当时他没有不干的活，他做过苦力，装过车卸过货，也跑过销售。后来，他负责车间的生产管理和人员安排，甚至修机器的活儿，他也总是抢着干，常常一晚上不睡觉，也要把设备修好。

不懂电力的他，用最笨的办法，照着图纸，捋着线头，寻找哪儿出现了问题。徐伟回忆说，那时的冬天，晚上回到与同事合租的宿舍里，房子的墙上结着厚厚一层冰，炉子没人烧，也没人做饭，饿了就干吃方便面。就这样，他在舅舅的塑料厂里摸爬滚打，一干就是 7 年。

徐伟说，他不想一辈子打工，一直希望自己能够当老板，成为企业家，这种梦想一直都在。

1998 年，徐伟开始经营板材生意。最开始租的仓库摊位四处漏风，冬天要穿两层棉大衣保暖。凭着这份辛苦，他第一年就赚了 8 万多元。之前每月打工仅赚 800 元，一下子赚了这么多钱，让他很有成就感。可第二年，他却被朋友介绍的客户骗去了 10 万元，感觉天都塌了下来，但他并没有责怪那位朋友，独自承担了损失。

这一次的经历，让徐伟深刻认识到生意场上的凶险以及信誉的重要性。从此，诚信经营一直是他的经商准则，在那个假冒伪劣商品横行的年代，他始终坚守准则。他说，保证产品的质量是对客户的一份承诺，也是与客户建立信任关系的基础。信任是一笔宝贵的财富，是他能够成功的基石。

随着地产行业的爆发，板材生意也变得红火起来，徐伟不断摸索并调整主攻方向，短短几年的时间，他的企业便已成为板材行业中一个细分领域的龙头企业，生意遍布全国。几年前，徐伟看到身边的好多朋友都在办移民，他也想凑个热闹。但在周游世界一圈之后，他觉得还是国内最好，于是把家从东北搬到深圳，在大梅沙购置了一栋背山望海的别墅，开始了他人生的下半场。

张云是无锡人，无锡当地最为出名的就是无锡排骨。张云小的时候家里很穷，他吃不起排骨，也经常被人看不起，于是他暗自发誓将来一定要混出个人样来。大专毕业后，张云进入当地一家有一定规模的化工厂工作，从技术员做起。虽然这份工作收入稳定，但是距离张云的梦想还是相差甚远。

一次偶然的机会，张云被调岗到废水处理部门，一来二去与专门为这家化工厂处理废水的老钱混得很熟。老钱告诉张云，废水处理这门生意看起来很低端，却是个暴利行当。后来老钱的朋友新开了一家废水处理厂，张云经老钱介绍去了那里，以技术入股，赚到了第一桶金。张云平时吃穿极其朴素，但出去吃饭必点排骨，他说不吃排骨总觉得好像没吃饭似的。去厂里开工，他都会开着他的那辆“破”捷达，车库里的奔驰只有在应酬时才开出去。

生活在东莞的王平，经营玩具厂二十余年，除了做OEM生产（定点生产，俗称代工）之外，还兼顾收购业务，把一些尾单的玩具低价收购，再找到买家伺机出售。

王平夫妇从打工仔开始，到掌管几百人的厂子，妻子管工厂，王平跑销售，从内贸到外贸，从东南亚到欧美，只有小学文化的王平，英文却很流利。从当年的打工仔到能和美国人谈判的商人，王平讲着自己的发家史数次落泪。他说他最骄傲的是可以活到现在，没像很多同行那样，在低谷时倒下。

王平说，生意做到现在，因为没有一分银行贷款，所以他很轻松。目前，他正在为公司上市做准备。王平的偶像是李嘉诚，他说自己距离偶像的差距还很大，为了激励自己，他常让朋友们叫他“王千亿”。

东莞的企业主们普遍学历都不高，但他们的求知欲却很强，并且他们非常尊重有学识的人。在中欧国际商学院、长江商学院等国内外顶级商学院中，经常能看到他们的身影。他们总担心自己会被这个飞速发展的时代抛弃。他们做生意眼光独到，在低买高卖中能迅速找到盈利点，精明且能干，骨子里从不相信救世主，除了让自己变得强大，他们没有任何选择。

传统企业的经营者面临的最大问题便是经济结构的转型。这就好比拿着旧地图，寻找新大陆一样。正如和君集团创始人王明夫先生所说："用过去的经验，指导现在的自己，走向成功的未来是一种相当危险的做法。过去的战场不在了，相应的经验和打法也就失灵了，要善于发现新战场，更换新打法。"

然而，大部分传统企业依然穿新鞋、走老路，思维方式的改变并非举着大旗、喊着口号就能实现的。企业的转型之战，如果没有壮士断腕的勇气，必定会以失败告终。

在一些传统企业中，好一点的，处于行业龙头地位的企业大多在谋求上市，但其他大部分的企业则在逐渐走向衰落。企业的效益虽大不如前，但为了员工的饭碗，也要继续经营下去。

传统高净值人群对于商业路径依赖性严重，想要通过转型而持续致富会比较困难。一个人从哪里来，决定了他到哪里去。一个人获取财富的路径决定了他的消费方式，以及对于财富的管理方式。

在不同的阶段中，成就一个人的东西，也可能会阻碍，甚至会打败一个人。人不可能两次踏进同一条河流。越是成功就越觉得拥有独门绝技，自己筑起来的墙很难被自己推翻，即便是输，也是愿赌服输。

每次财富浪潮的来临，都意味着经济的升级，企业不得不转型。然而转型并不容易，对于大多数企业来说“不转型是等死，转型是找死”。路径依赖的惯性导致转型的艰难。转型，意味着一次全新的历险，成功者不会超过10%。

二、现代高净值人群

在中国，几乎所有的企业家最终都会变成投资人。财经作家吴晓波曾在2017年提出过一个全新的概念，他认为企投家具有鲜明的“两栖”特征，一栖于钟爱的实体产业，期望它能永续发展；二栖于“非理性繁荣”的资本市场，希望自己的财富在流动中增值。

柳传志、雷军就是典型的企投家。柳传志不仅创立了联想集团，成为著名的实体企业家，同时，他创办的弘毅资本和君联资本也成为风险投资界的明星级投资机构。

雷军是比较少见的连续创业者，一位赶上了两波财富浪潮的企业家。从金山软件到小米科技，除了创业者这一身份，他还是中国最早的天使投资人之一，先后投资了卓越网、拉卡拉、凡客诚品和好大夫等上百家创新型企业。

许多企投家选择自己看好的新经济赛道，选择投资那些在高科技、新零售等行业的80后、90后创始人的项目，他们担当投资人，以另一种身份参与新经济的浪潮。

Sam是一家高科技企业的高管，技术型人才，善于钻研，为人严谨，也很偏执。他经常加班工作到凌晨，吃住在公司，社交圈子也非常局限。公司上市后，他套现了几千万元，突如其来的一大笔财富令他感到惶恐，他经常会担心这笔钱不翼而飞，也不得不开始考虑那些他没钱的时候完全不需要考虑的问题。例如如何安排父母、孩子，如何更好地进行税务筹划，自己是否要进行身份规划，以及如何规避财务风险等，他的担忧已然超过了获取财富时的喜悦。

互联网和科技型企业的高管或者员工，即便公司不上市，他们也属于高薪阶层，但这种高薪，也是他们用时间、精力和能力换取来的劳动报酬。一旦离职，他们就会陷入收入停摆状态。利用资本杠杆上市套现是他们跨越阶层的重要一关，有些人非常幸运，实现了阶层跨越，但他们依然会患得患失。

张峰经营了一家考研培训学校，因讲课视频被人发到了网上而意外走红，用他的话讲，就是一夜之间，世界都变了。各类商演及媒体活动邀请接踵而来，他火速成了微博、网络综艺节目里的红人。为此，他又专门成立了负责相关业务的部门。他说最好的方式还是投资自己，命运还是得掌握在自己手里。

龙博士是国内知名大学数学专业的博士，在比特币圈子（简称 B 圈）里颇有名气。博士毕业后进入一家研究所的博士后流动站工作，薪资不高，但也落得清闲。在比特币盛行的时候，他被几个朋友拉着作研究，跟着大家一起挖矿，后来就正式进入了 B 圈。

在B圈这个投机市场里，90后是主力军，他们大部分来自国内一线城市，圈中不乏很多顶级量化机构的职业操盘手，也有不少手动交易的大牛。B圈虽说是快富的战场，但落袋为安的还是少数。一个平台的老总说，很多人的钱来得快，赔得也快，在比特币高峰时，他曾赚了几千万元，但在2018年的时候，他又赔了一千多万元。他总结说，钱在B圈真的只是数字而已。

2017年才崛起的电竞行业是一个新兴行业，高收入是这个行业的关键词，十几岁的孩子一入行就月薪过万，顶尖选手的年薪能达上千万元。那些年轻人看似是玩着把钱赚了，但想得到高薪，其实并没有看上去那么容易。巨大的训练量导致大部分职业电竞选手或多或少都有一些健康问题。所以说，这个快富行业并没有表面看起来那么简单，它的难度其实与竞技体育的难度不相上下。

疫情期催生的“宅经济”，令网红行业再一次大规模爆发。李佳琦、薇娅等头部网红的影响力和带货水平早已不输一线明星。资深网红张大奕曾说：“大众对于网红的认识就像人们当初对煤老板的认识一样，都觉得网红读书少，但却嫉妒人家网红赚得多。”对于网红，人们一方面不屑，但另一方面却也羡慕。学历与素质并不是赚钱的必要条件，在互联网时代，靠脸吃饭、以带货为生的网红充分享受这波浪潮崛起而带来的致富红利。他们勇于创新，善用资本杠杆，重视商业模式，注重效率，追逐利润。

胡润曾说，新一代企业家的特质有三点：第一是创新；第二是资源整合；第三是速度。20 年前，成功的特质是诚信、勤奋、务实。现在想要成功，需要的是创新。

三、“富二代”

“富二代”是高净值人群中极具代表性的一类人。他们当中有一部分人承接父辈的产业和人脉，选择沿着父辈的路平稳地发展下去，但还有一大部分“富二代”则会完全脱离家族的事业和资源，选择自由发展。

据同花顺 iFinD 统计发现，目前 A 股市场上已有 18 位 90 后“富二代”董事长，其中有 11 位是在 2019—2020 年任职的，占比超过六成。这些已走向台前的“富二代”，大部分还只是扮演了公司代言人的角色，公司重要的决策还都是由他们的父母定夺的。

90 后的“富二代”郭洁，从加拿大名校学成回国，她不仅外貌出众，身材更是完美。她的父母经营了一家已有 20 年的医美连锁机构。郭洁回国后，就去了全球知名奢侈品公司应聘。她卖货很有自己的想法，例如客人正准备购买不适合自己的新款风衣，她会毫不犹豫地劝说顾客不要购买，并耐心地向客户说明她的理由。她说她不希望客户花费十几万元，购买到的却是一些不适合自己的产品。

这种与其他同事截然不同的行事方法，反倒为她赢得了更多客户的信赖。店里的很多老顾客都喜欢询问她的意见，有的客户甚至只试穿她推荐的款式。给客户试鞋，她也会半跪在地上，帮客人穿好。她通过服务那些最难搞的客户，磨炼自己的性格和能力，因为她清楚自己将来所要承担的责任。

同为“富二代”的高翔，每日不思进取，游手好闲。后来，高翔的父母婚变，父亲再婚，他又多了一个同父异母的弟弟，原本幸福的家庭破碎。从前他被父亲独宠，现如今却要与他人分享父爱，他开始被父亲忽视，被拿来与弟弟比较。不仅如此，他未来本应独享的财富也要被分割。这一切的变故戳中了高翔的神经，于是，他一改往日的作风，努力学习，考上了国内一所知名大学。毕业后，他进入父亲的企业工作，虽然每日在“暴君”父亲的桎梏下负重前行，常常失眠，但内心的声音告诉他，只有做得更好、更优秀，才会得到父亲的认可。他要靠实力去证明自己，争取自己想要的东西，他深知被动地等待可能会导致自己将来一无所有。

笔者曾受邀参加某银行组织的私人银行客户子女的暑期训练营，作为金融导师，笔者调查了30多位“富二代”（他们大多是95后）的教育经历。他们当中有90%在国外留过学，且主要集中在美国、英国、澳大利亚等国，其中还不乏毕业于纽约大学、堪萨斯大学、宾夕法尼亚州立大学、英国格拉斯哥大学等国际知名学府的高才生。由此可见，出国留学已成为高净值人群对子女教育的标配之选。

这群孩子的父母大部分都从事的是制造业和金融业，还有的是高知阶层的律师、医生等。因此，对于孩子的专业，他们也普遍倾向于金融、商科和艺术。在他们眼中，金融是一个既体面又可以和很多产业融会贯通的行业。

95后的“富二代”是跟随移动互联网一同成长起来的一群孩子，他们习惯在手机上做所有的事情。社交、购物、买基金，甚至是创业。

他们会坚持自我主张，但有时也会默默妥协。他们做事看似漫不经心，可实际上，他们也会在暗地里下功夫，希望能博得家长和老师的认同。

对于未来，他们还没有特别明确的方向。相比未来，他们更在乎当下，希望自己能开心过好每一天。他们的梦想不是给自己贴上高净值人士的标签，而是按自己喜欢的生活方式去追求人生的价值。

2

CHAPTER

高净值人群的地域分布

所有的生命系统都会流动，财富也会流动。

2020年，中国银行协会携手清华大学五道口金融学院联合发布的《中国私人银行发展报告（2020）暨中国财富管理行业风险管理白皮书》指出：中国高净值客户数量和客户资产规模排名前五的省份（直辖市）依次为广东、北京、浙江、上海和江苏。这五个省份（直辖市）的高净值客户数量和资产管理规模约占全国总量的60%。

据世界银行统计，全球75%的大城市的资本和人口都集中在距海岸线100公里的地区。在地大物博的中国，这种区域集中性尤为显著。各地区的高净值人群由于民俗文化的不同而拥有各自鲜明的特点。产业聚集带动了优秀人才的涌入和区域经济的发展，形成了正向循环的滚雪球效应。

第一节　北上广深

一线城市之所以能被称为一线城市，是因为它们历经了沧海沧田的时代变迁。中国很多城市都曾在时代的浪潮里辉煌过，但由于行业、产业的变革，它们中的大多数最终还是无法逃脱被淹没的命运。一线城市居民的优越感来自优势资源的汇集，这些优势资源会大大提升人们创富的效率和成功的概率。

一线城市中的高净值人群大体分为两类：一类是本地人。首先，本地人占据了地利的优势。举例来说，如果你拥有一套北京的四合院，或是上海的老洋房，又或是深圳渔村时期的一块地，那么如今的你便可坐享土地的红利。其次，本地人也可利用当地特有的一些资源，如旅游产业或其他特色产业等，来获取城市所带来的红利。另一类是外地人，追寻城市资源的外来创富者，他们努力拼搏，把握机遇，只为能在一线城市中站稳脚跟。

一、北上广

北京、上海、广州作为中国的超一线城市，是财富聚集度最高，也是高净值人士密集度最高的地区。

有这样一个段子：北京人看全国人民都是下级，上海人看其他地方的人都是乡下人，广州人认为除了他们自己，其他人都是北方人。一线城市的人有一种与生俱来的地域优越感。

北京是中国的政治中心、文化中心，以及经济金融的决策和管理中心。世界500强公司中，总部坐落于北京的数量是最多的。此外，网易、腾讯等民营企业的管理总部为了承接首都政策的阳光雨露也都从外地迁入北京。

上海作为中国经济最发达的城市，上海金融市场的交易规模位居世界前列，“上海金”“上海油”等价格影响全球，是全球金融要素市场最完备的城市之一。

在上海，几乎人人都炒股。上海投资者愿意主动参与到市场中，他们不是随意买卖，而是有着自己的分析逻辑和价值导向，所以上海股民的赚钱能力在全国也是位居前列的。

在上海浓厚的金融市场氛围中，诞生了很多草根出身的职业投资人，林军就是其中之一。林军22岁时带着3000元闯荡股市、期市，经历3次潮起潮落和无数次的惊心动魄，才在大浪淘沙中存活了下来。林军如今已步入不惑之年，坐拥十几亿身家。

上海的金融从业人员超过37万人，占全市就业人数的3%，其中的高级管理者、投行的专业人士，以及销售精英，在为高净值人群进行财富管理的同时，也为自己创造了不少财富，成为高净值人群中的一员。

广州是中国唯一商脉不断之城，明清时期硕果仅存的通商之地。两千年来，这座有着“千年商都”美誉的城市，一直是中国商业潮流的引领者。

新冠疫情期间，有着63年历史的广交会首次在网上召开。政府出台了《广州市直播电商发展行动方案》，大力推动网红直播节，加速了广州直播电商新业态的迭变，也为弱势的经济环境增添了一抹亮色。

千年商都的繁盛，直接成就了千家市场。广州目前有批发市场约1300个，分布在城市的各个角落。广州是服装、奢侈品箱包，还有各种制造原单的工厂聚集地。低调的广州人很少自己花钱购买这些产品，而是将产品销售至我国其他地区以及亚非拉等第三世界国家。几十年来，广州上千个批发市场及衍生产业培育了无数高净值家庭。

广东人低调务实，重吃不重穿。即便千万身价，也穿得极为朴素。广东人的传统观念就是要“银不露白”，一旦银露了白，被人知道了，就会带来灾祸。广东有句知名的俚语“禾秆冚珍珠，有钱无人知”，说的就是一位深藏不露的隐形富豪，低调做人、高调做事的故事。

二、深圳

开盘8小时，实现50亿元。疯狂的深圳土豪爆抢深业中城的新闻在2019年被媒体爆炒。在和一位潮汕籍女企业家谈到这个新闻时，她笑着对笔者说，她和朋友去看过这个楼盘，看房时最多 3 个人，并且只能看 1 次。朋友认筹 2 个签，诚意金 1000 万元。不仅如此，这位朋友还特地让女儿从澳洲飞回来，结果一个也没中。

深圳地产从过去的几百元一平方米到现在的十几万元一平方米，涨幅 1000%的楼盘多如牛毛，涨幅最高的可达 4300%！地产红利让无数深圳人实现了致富神话。

历史告诉深圳人，能快速实现财富逆袭的只有房地产。所以，深圳的房子永远是不愁卖的。

深圳是一座新城，早期涌入了来自全国各地的建设者。后来，它又以“来了就是深圳人”的口号，用宽松的户籍政策和对青年人的奖励机制，吸引了一大批来自全国各地的异乡人来深圳创业、打工。

1979 年，深圳 GDP 仅为 1.97 亿元，人均 GDP 606 元，不足香港的 1%。2018 年，深圳 GDP 高达 2.42 万亿元，而香港 GDP 为 2.4 万亿元，深圳实现了首次超越。

以下三类高净值人群最具深圳特色：

1. 拆迁户、房地产商、房产投资者

深圳白石洲城中村拆迁，诞生了 1878 个亿万富翁，2000 多个千万富翁。有人打趣说：挖机一响，黄金万两。深圳最大的城中村——大冲村，当年冒出了 10 个亿万资产家庭和 400 个千万资产家庭。还有岗厦村、皇岗村、蔡屋

围，这些村子里也都有少数亿万富翁、一些千万富翁以及一群百万富翁。

一般的拆迁户会选择以“物业 + 现金”的补偿方式，物业再继续出租，每年可拿几十万元、上百万元的租金。如果你在城中村附近，看到那些整天无所事事、穿着朴素的人，他们很有可能就是拆迁户。

在深圳的南山区，每每路过寸土寸金的高新园腹地，都会看到楼群中的宗祠另类存在着。据说当年各大地产商都想要把祠堂买下来，改造成商业大楼，但当地的村民放话说：“谁敢拆宗祠，我就把谁买下来”，才令宗祠得以留存下来。

年近六旬的 Tony 哥是深圳第一批地产开发商，他开发了多个地产楼盘，还在自己开发的楼盘中留了几套房。他用手指着他开发的那些楼盘，就好像是在盘点自己心爱的作品。

自 1998 年我国实施住房改革开始，全国房地产投资平均每年增幅 20% 左右。2003 年，该项投资增幅接近 30%，时至今日，房产所引领的致富运动还在持续进行中。

除了拆迁户和地产商外，深圳的高净值人群中还有一些是房地产投资者，他们通过买房，走向致富的康庄大道。用相对便宜的价格投资一套或多套好房，便能实现普通家庭要靠几代人的努力才能实现的阶层跨越。

笔者认识的一位房地产投资人就是在房改后，地产走向市场经济的这五年时间里，最大限度地运用银行杠杆投资房产，从而完成了财富的原始积累，实现了财务自由。当年他贷款买房，身边的朋友、家人都反对，说香港楼价暴跌，多少人都跳了楼，他也等着跳楼吧。其实家人的反对不无道理，当年的南山还是一片荒地，人们对于地产也还没有形成投资概念。但这位投资人当时就是觉得深圳是洼地，他参照香港的楼价，疯狂买入深圳的房子，并从银行拿到了 8000 万元最高额度的贷款。

在想买就买、不限购、不限贷的年代里大量囤房，用杠杆撬动财富；在亲戚朋友都反对，吃瓜群众等着看他笑话的时候，这位投资人依然坚持自己的判断和投资风格。不得不承认，一个优秀的投资者一定是一个具有远见的人，可凭敏锐的眼光洞察未来，孤注一掷，布局当下，然后静待花开。

2. 科技新贵

创新一直是深圳发展的主导战略。在科技创新领域，深圳是当之无愧的领头羊。据深圳市科技创新委员会发布的数据显示，2019 年深圳高新技术产业总产值超 2.62 万亿元，同比增长 10.08%，高出 GDP 增速 3.3 个百分点。在深圳的上市公司中，数量排名第一的就是信息技术行业，而科创板上市的企业数量，深圳也是位居全国首位。

被网友称为以一己之力对抗美国贸易战的粤海街道，

其总面积约 21 平方千米，开车 10 多分钟就能围着整个粤海街区转一圈。然而，这里却汇集了华为、腾讯、中兴、大疆、恒大、华润、迈瑞等近百家上市企业。

这些最赚钱的科技企业当中也汇集了一批高收入群体，他们当中有上市公司的股东、高管、董事，也有科技型创业公司的创始人、合伙人，以及外企的中高层管理者。

他们中的大部分都是专业技术人员（我们俗称的“码农”），学霸级的程序员和产品经理。他们因科技而富，也对科技型企业的投资情有独钟，他们在自己的领域极具专业性。由于经常加班，他们的生活圈子很小，对工作以外的行业了解不多，其中的大部分人只是因为拥有上市公司的股权、期权，才会关注股市。市场行情不好，身价下跌是最令他们感到困扰的问题。

3. 城中潮汕人

据不完全统计，深圳有三分之一的人口是潮汕人。在深圳早期的房地产界，潮汕籍企业家奠定了潮汕商帮在深圳地产圈的“江湖地位”。

在深圳的潮汕企业家中，不仅有我们熟知的马化腾、姚振华等专家，还有皇庭国际、康美药业、中州控股等上市公司的代表。在深圳的地产圈、华强北商业区、水贝商圈、菜市场，甚至是街边的小摊位，都活跃着潮汕人的身影。坊间流传一句话：潮汕人罢工一天，深圳将陷入瘫痪。

先来简单介绍一下潮汕地区的基本概况。所谓潮汕，其实是一个以潮汕方言为母语的汉族民系，包括汕头（经济特区）、潮州、揭阳、汕尾（海陆丰）四市。以汕头为头，海陆丰为尾，中间加了个揭阳，文化源头则是北边的潮州，这是潮汕的基本概念。

潮州人和汕头人并不是一回事。潮州人比较儒雅，信奉、崇拜当地的文化，并且十分看重传承。而“汕头人”就大不相同了。早年间，和平的时候他们当渔夫，混乱的时候就成了海盗，形成私人武装，打家劫舍。这种现象在沿海比较普遍。现在的潮汕人不一定认同海陆丰，他们认为海陆丰不属于潮汕，但海陆丰人却坚定地认为海陆丰属于潮汕。

说到潮汕人，有几个关键词不得不提：

第一，爱生娃。

笔者认识的潮汕人当中，都至少有两个孩子。在潮汕人中，多子多福的思想观念根深蒂固。

第二，爱喝茶。

无论早中晚，无论吃饭还是工作，潮汕人都离不开工夫茶。他们用喝茶的时间谈天说地，交换信息，聊出商机。

第三，爱美食。

深圳遍地都是潮汕牛肉火锅店、海陆丰小吃店、肠粉店和砂锅粥店铺，但味道却远不如潮汕的正宗。笔者记得第一次去潮汕当地吃牛肉火锅时，牛肉竟被吃出入口即化的感觉，口感和味道比起深圳的提升了好几个档次。潮汕的朋友告诉笔者，切牛肉时的刀工会影响肉的口感。好的切肉师傅是稀缺资源，工资非常高。潮汕当地的海鲜虽然少，味道却极为鲜美，醉蟹的味道更是一绝。

第四，会做生意。

潮汕人有着天生的老板情结，即便是摆路边摊也不愿给别人打工。他们头脑灵活、勤奋大胆，并且讲诚信。所以说，这个族群的基因里就带有赚钱创富的能力。

第五，爱抱团。

黄姓是潮汕宗族里的大姓。笔者的好朋友黄先生当年到深圳投靠他的叔叔，他说叔叔家里最多的时候住了十几个人，都是叔叔潮汕的亲戚，叔叔免费包他们吃住。在潮汕，如果有人不管亲戚，是会被全村人耻笑的。

在某网络论坛上有这样一则故事：在一个新楼盘建好之后，潮汕人会联合起来在一条街上开店。针对新楼房的需要，开装饰店、五金店、家居用品店。之后，再根据新房主们的需求，将生意改头换面，变成餐饮、药房或者美容美发店。他们求新求变，随时关注市场的动态和行情。有潮水的地方就有潮汕人，有钱赚的地方更离不开潮汕人。

潮汕人的投资逻辑主要有四个鲜明的特点：

第一，潮汕人天生相信潮汕圈子，有三个潮汕人在场的聚会，就不会听到普通话。遇到“胶己人”，自然要用家乡话交流，而潮汕话有八个音，外地人根本听不出任何有效信息。潮汕圈子都会互相背书、互相支持，很多的项目，他们会抱团直接参与投资。

第二，他们根本看不上传统金融机构 10% 以下的低收益理财产品。他们喜欢民间借贷，找潮汕人开的公司借贷，人靠谱，收益也高。

第三，传统的老潮汕人，大都集中在地产、销售等行业，金融圈里的资产管理端很少会发现潮汕人的身影。潮汕人在金融领域，大多是做原始的资金业务，例如过桥、赎楼等。所以，周边的潮汕人也喜欢参与这类短平快的项目。

第四，潮汕人一般都非常认亲，极度看重血缘关系。同样，他们对于家族传承自然也非常看重。在他们眼里，家族传承不只是财富的传承，更是潮汕文化和精神的传承。据说，潮汕的高净值人群设立家族信托时，竟然将某氏宗亲及其直系血亲都加入其中。所以说，任何一种财富管理方式都能寻根溯源，找到财富所有者的初心和归宿。

潮汕俗语讲：砍头的生意有人做，亏本的生意没人做。潮汕人整体的成功欲非常强烈。他们做生意讲求诚信，相信口碑相传。借钱不打借条，也绝不会欠账；送货不称，也绝不会缺斤少两。他们相信通过大胆闯荡总会收获新天地，相信勤劳总有收获，相信人多力量大。中华文明的商道精髓，已被潮汕商人发扬光大。

第二节　新一线和二线城市

北上广深作为超大型中央枢纽城市，如同干流一样，向周边和地方城市输送政策、信息、金融、项目、人才等支持，而那些在不同的区域经济中担当着产业落地的重要角色，在城市排名中属于新一线或者二线的城市，同样支撑起了区域经济的发展。

城市的发展需要依靠经济的发展来推动，经济的发展需要依靠企业的发展来推动，而企业的发展则要依靠企业家的雄才大略才能得以实现。一个企业的成功是企业家个人的成功，一群企业的成功则是一个城市的成功。

一、苏州

去苏州，你的交通工具是什么？美丽富庶的苏州城，在全国 GDP 排名当中位列前二十，可这个人口过千万的城市，却没有一个机场。这也成了苏州人的心头之痛。

2019 年，苏州 GDP 高达 19235.80 亿元。苏州经济实力雄厚，工业尤其发达。拥有众多高新产业，是中国服务型制造业试点城市之一。

上市公司是城市财富的容器。无论 IPO 还是融资，都是从市场拿钱，而融到的钱又投到当地市场中，由此带动当地经济的发展。苏州境内 A 股上市公司共计 114 家，位列全国第 5 位。康得新、东吴证券、沙钢股份、金螳螂、通鼎互联等都来自苏州。苏州科创板上市企业数量居全国第三，全省第一。

在“2019 年胡润百富榜”上，曾多年蝉联苏州首富的恒力集团创始人陈建华及其夫人位列第 13 位，资产为 1050 亿元。据公开数据显示，恒力集团 2019 年的总营业收入为 5567 亿元，同比增幅约 50%。夫妻二人非常低调，很少接受媒体采访，埋头做事、不务虚名。

陈建华是传统高净值人士的典型代表。1971 年，陈建华生于江苏吴江。儿时家境贫寒，他 14 岁辍学，跑到当地的一家丝绸厂打工。当时，老师傅对他说，工资和工作量挂钩，干多少活，拿多少钱。陈建华听后，不辞辛苦，埋头苦干，他总是厂里薪水最高的员工。后来，他先自行购买养蚕户出品的丝，接着转卖给工厂，从中赚取丰厚的利润。当时，不足 20 岁的陈建华在短短几年的时间里，就赚到了百万财富。

1994年，陈建华顺应潮流自主创业。他接盘了一家濒临倒闭的化纤厂拓展业务。这家化纤厂正是恒力集团的前身，也是陈建华人生的转折点。如今的恒力集团不仅是全球单体产能最大的PTA生产企业，同时还是全球最大的超亮光丝和工业丝生产基地。恒力集团以炼油、石化、聚酯新材料和纺织为核心，完成了“从一滴油到一匹布”的全产业链发展。陈建华也从一个名不见经传的寒门子弟，成为身家千亿的富豪。

二、成都

成都太古里是成都著名的时尚打卡地，这里云集了众多的国际大牌。为了配合太古里商圈整体的建筑风格，各大品牌也都大显神通。纪梵希辛苦搜集了6栋老建筑的废弃砖头，打造出独具特色的独栋门店；爱马仕耗资4000多万元，特意从葡萄牙购买了一些可以在夜晚发出橙色亮光的外墙石材，而店内的马赛克瓷砖地板也是专门邀请法国工匠一块一块细心粘上去的。

成都的常住人口总量有1500万左右，比广州和深圳还要多，仅次于上海和北京的人口量。庞大的人口总量为成都的商业提供了市场基础。

《2018中国新商业城市研究报告》显示，成都仅次于北京、上海、深圳，成为国内增长第四快的奢侈品消费市场。

同年,《福布斯》杂志预测成都的奢侈品消费数额将突破百亿。

1. 成都的创富产业集群

一个城市的产业集中带，必然也是高净值人群的集中区。成都有很多代表性产业集群，如电子信息、汽车制造、食品饮料、装备制造和生物医药等。

成都之所以能成为众多产业集群的聚集地，有以下几点原因（以生物医药为例）：

首先是政策。为推动生物医药行业高质量发展，成都政府给出了实实在在的优惠。比如，新药最高研发资助金为 2000 万元，符合条件的 500 强企业以及国际国内的知名企业将获得最高奖励 5000 万元。政府是用“真金白银”助推行业实现成倍增长。

其次是地缘优势。随着“一带一路”的推进，成都内陆交通枢纽的地位由此确立。伴随着经济的逐步发展，成都极有可能成为全球网络城市中的重要节点。

成都对西南周边城市的辐射能力是吸引各大企业落户的重要原因。国内西南市场区域很广，成都所辐射到的市场范围，实际上比成渝城市群更大。成都可以向贵州、云南和青海等地供应多方面的技术、物资，以及教育资源。

与此同时，在生物医药领域，成都高新区也在积极打造药物及医疗器械国际临床研究服务中心、生物技术药物全球生产中心、四川成都国际医学中心、全球新药研发外包服务交易中心、全球生物医药供应链服务中心“五大中心”。

2. 成都的文创产业

成都不仅是首批国家文化消费试点城市，同时还是中国新文创活力排名第一、全国动漫游戏城排名第四的城市。文创在成都的发展极其迅猛。优质内容带来的流量变现，让文创这个新的产业集群在成都爆发，随之也带动了一批高净值人群的崛起。

腾讯历史上最赚钱的游戏——《王者荣耀》就是在成都诞生的。仅仅在2020年除夕当晚，《王者荣耀》的流水就超过了20亿元，仅一个英雄皮肤就卖了1.5亿元。

马化腾说，腾讯内部也曾探讨过为什么《王者荣耀》会出现在成都。当时大家一致认为，其原因在于成都的生活太安逸了。正是因为成都的安逸，人们才能在这里开发出好的游戏。

从2016年起，腾讯科技（深圳）向腾讯科技（成都）应付的分成收入开始呈几何倍数增长，从2016年的42.33亿元到2019年的180.63亿元，而腾讯科技（成都）的员工2019年的人均薪酬（年薪+福利）约为85万元。据传，王者团队的年终奖是员工100个月的月薪。低调的《王者荣耀》之父姚晓光第一次受到大众的关注，是在他拿着9800

万港币，在香港尖沙咀买下一处 200 多平方米的豪宅之时。

游戏是创意产业，它需要技术积累和创意沉淀。《王者荣耀》中植入了大量的成都元素，变相向游戏玩家介绍了成都的旅游景点和特色美食。王者荣耀的成功离不开成都这片文化土壤。

吴晓波书友会成都地区的负责人燕姐告诉笔者，之前火爆暑期档的电影《哪吒》就来自成都，影片中的部分配音工作就是由吴晓波书友会里的书友担任的。《哪吒》中的四川元素令人印象深刻，比如主角太乙真人的一口四川普通话，又如片中两只青铜结界兽的造型，正是以成都金沙遗址出土的黄金面具和三星堆青铜像为参考而设计的。作品中的天府元素，与创作团队扎根成都有着必然联系。

成都是电影《哪吒》的导演杨宇重要的创作基地，也是很多创作者的福地。作为中国历史上唯一一个城址未变、城名未改、中心未移的历史文化名城，成都孕育出了内涵丰富的天府文化。这里不仅留下过李白、杜甫、杨升庵、巴金等文坛巨匠的脚印，也见证了一批批“国漫”电影人的成长。

千年以来的文化沉淀，浓郁的创意氛围和产业扶持政策，让成都的文化产业充满了独特的生命力，吸引了无数文创从业者扎根于此，“玩出来”的高净值人群也因此而诞生。

3. 成都的区块链富豪

在“2019 胡润百富榜”上，毛球科技创始人，80 后的王明鎏以 60 亿元身家位列榜单第 17 名。王明鎏是 2019 年新上榜的一位区块链富豪，他来自四川成都。

王明鎏的父母是生意人，王明鎏从小就深受父母财富观的影响。他说父亲常常教他一句话：“小钱是辛苦赚来的，大钱是辛苦想出来的。”

王明鎏在加拿大留学期间，除了父母给的生活费，他还自己打工赚钱。并且，他没有像其他留学生一样，用赚来的钱去购买奢侈品，而是思考如何进行有效投资，让钱生钱。股票、债券、房地产……这些都是他关注的领域。

王明鎏回国后先进入全球十大投行之一的花旗银行工作。因为表现突出，他成了花旗银行中享有行长级别权限的最年轻的员工。在花旗银行工作的这段经历改变了王明鎏的投资理念，使他创建了自己的投资风格。在成为个人投资者后，他成功投资了国内首家互联网保险公司——众安保险、前斯坦福大学生物化学教授 Patrick Brown 博士创立的植物汉堡、全球最大的共享出行平台 Uber、安沃传媒，以及 UTH 国际等一系列优质项目。

正是由于深厚的知识积淀，不断提升的投资眼光，以及根植于内心的赚大钱思维，才成就了今日的王明鎏——一位年轻的成都富豪。

4. 吃喝在成都

吃在中国是一种文化。从某种意义上说，吃饭是拉近人与人之间距离的最直接的方式。在巴蜀地区，这种感觉会更加明显。

火锅里的红油在沸腾，在涮肉涮菜的过程中，人们相互交流思想，传递感情。没有什么事情是一顿火锅搞不定的，实在不行就两顿，两顿不行还可以再来。在巴蜀地区，好吃的又何止是火锅。十元一份的甜水面、钟水饺看上去普普通通，吃起来却真是回味无穷。

在成都，茶馆是一个很集中的产业，地道的成都人在茶馆里喝茶、打牌、吃饭、交流信息、联络感情。茶馆就是成都人的第二个家。在人民公园的湖边有一家成都老字号的茶馆——鹤鸣茶楼。茶楼依湖而建，一杯竹叶青，再加一袋瓜子，就可以在那里坐上一天，饿了还可以到隔壁的老字号餐馆叫上一份地道小吃，伴着碧绿的湖水细细品尝。

2019 年，成都市餐饮业零售额近千亿元。在这千亿元的背后，涌现出众多靠餐饮起家的高净值人士。成都赚钱的餐饮店不一定是高大上的连锁餐厅，而是藏在巷子深处的老店、小店。以兔头为例，四川每年的消耗量达 2.2 亿到 3.5 亿只。这其中，成都就占了 90%。湖北、山东、湖南、辽宁、江西、河南等多地的兔子养殖户跟着发了大财，就连欧洲的养殖户也跟着受益。据传，在成都人吃的兔头里，每五个中就有一个是坐着轮船漂洋过海赶来的。

经济学家马歇尔在《经济学原理》一书中有这样一段形象的描述："聚集在宫廷的那些富人，需要高品质的货物，这就吸引了熟练的工人远道而来，也培养了当地工人。"

产业集群形成的市场路径正是这样一种模式。在一个特定的产业领域当中，因共性和互补而联系在一起的大大小小的经济实体构成了一个集群，承担起了展示地区核心竞争力的重任。行业发展离不开产业功能的完善，所以在区域产业优势集中的地方，也会出现行业聚集的效应，充分竞争做大市场和利润，高净值人群也就由此产生。

三、泉州

泉州是典型的移民城市。由于当地文化背景的关系，泉州人大多是从中原迁入的，土生土长的泉州人很少。

改革开放前，泉州的经济在福建排倒数第二，但泉州人民不服输、不放弃，积极创造条件，艰苦创业。仅在 1993 年一年的时间里，泉州就兴办了 1514 家三资企业，创下了泉州历史上引进外资企业数的最高纪录。1994 年，泉州 GDP 首次跃居全省首位。在当年中国农村发展道路（晋江）研讨会上，"泉州模式"上升为中国农村工业化的样本，与苏南模式、温州模式、珠江模式并称为农村发展的"四大模式”。

如今，泉州不仅GDP位居福建省首位，它的人口规模也超过了省会福州，位列全省第一。

泉州市安溪县的铁观音茶闻名全中国。泉州代管的晋江和石狮两个县级市的服装产业很是发达，诞生了如安踏、七匹狼、富贵鸟、利郎、德尔惠、361°等许多国内知名品牌。此外，达利、亲亲、雅客等食品企业也诞生在泉州。

据不完全统计，泉州的中小企业多达13000家，且泉州的财富分布比较均匀，是中国少数几个共富城市之一。

泉州人一般不会掩饰他们的财富。泉州富豪注重面子，这一点在儿女婚嫁上表现得尤为明显。置办嫁妆是很多亚洲国家的习俗，其目的是确保新娘在出嫁后能得到丈夫及婆家的尊重。近些年，泉州晋江的亿万富豪们争相置办巨额嫁妆嫁女。

第三节　市辖区和县级市

在地大物博的中国，有很多藏匿在城市深处的市辖区、县级市，你或许没有听过它们的名字，但它们那儿的商品很有可能就是你生活的必需品。这些地方的人们充分利用当地的地理优势和自然资源，打造出不可复制的地方特色经济体。

一、顺德区

站在顺德区中央商务区的玻璃窗前，一位券商老总告诉笔者这个区有上市企业 28 家，如海天、科龙、小熊、格兰仕、顺丰、大自然等都是顺德的企业，这些上市公司总市值超 7000 亿元。除此之外，顺德区还坐拥两家世界 500

强企业，即我们熟知的美的电器和碧桂园地产。

顺德有三大产业集群：家电、家具、花卉。俗称“两家一花”。不少优秀的企业从顺德的产业集群中突围而出，而这个地区众多的高净值人士也因此而蓬勃涌现。

归结顺德人如此厉害的原因，无疑是天时地利人和的结果。顺德人敢闯“禁区”，能够抓住改革开放的机会。顺德人有经商传统，他们不以经商为耻，且务实勤奋，善于学习和变通，合作意识强。顺德政府的服务意识也极强，为促进家具出口，配置了物流、通关商检等一系列配套服务，为打造完整的产业链条尽心尽力。

顺德是一个典型的移民地区，顺德人也非常善于借助外力和外来人才来弥补自己的不足。

二、滕州市

藏匿在地域经济中的一些小县城，也成为孕育高净值人群的土壤。居家炒菜做饭，离不开木耳、香菇、海米等干杂海货，也离不开花椒、辣椒、茴香、桂皮等调味品；我们平日里所用到的这些干杂海货和调味品，十有八九是来自山东的一个小县城——滕州。滕州主营的各类干杂海货及调味品总计有两千多个品种，产品销售到国内 30 多个省市以及美国、东欧、日本、韩国等三十多个国家和地区，一年的销售额可达 50 多亿元。滕州的杏花村市场，是全国最大的干杂海货批发市场。

自20世纪80年代的“马路市场”开始，部分经营者通过经商，完成了资本的原始积累。这些经营者大多是农民、下岗职工，以及返乡就业的大学生等。

王林和妻子早年下岗，借钱开了店，经营起了木耳生意。货物发到市场，在滕州汇集，然后再从这里批发到全国和世界各地。王林说，每年从滕州销售出去的干木耳，总计达6000多万斤，占全国干木耳总量的70%左右。夫妻俩打拼近20年，每天起早贪黑，兢兢业业，虽说现在已是千万身家，可其中的每一分钱，都是他们的辛苦钱。

滕州人敢为天下先。他们诚实守信，而且有股子韧劲，只要认准一件事儿，就一定会干到底。除了像王林这类经营者之外，滕州干杂海货调味品批发市场还为周边地区三万多人提供了就业机会。

三、义乌

在义乌，80%都是外地人。每年过年期间，义乌就会变成空城，本地人回乡下，外地人回老家。这一点，义乌与深圳极为相似。

方婷是笔者的好友，大学毕业后，她在北方城市找了一份稳定的工作。7年前，她因为男友来到义乌。方婷的男友在义乌做彩妆生意，他的工厂在广东中山。方婷和男友是来义乌淘金的外地人的典型代表。

方婷对笔者说，义乌人就像土拨鼠，每天早上倾城而出，到各大商贸城就位，捕捉赚钱的机会，兢兢业业、风雨无阻。

义乌的空气里弥漫的都是忙碌的气氛，整个城市都浸泡在生意里。

刚来义乌的时候，方婷在义乌商贸城里租了一个摊位，有生意时做生意，没生意时看美剧。可过了一段时间，她发现自己的生活好像不太对，她注意到别的义乌商人没生意时，有的就出去找生意；有的边做生意边带孩子；还有的业主没生意时就炒股票。但就是没有像她那样看剧打发时间的。这里的人不攀比吃穿，他们只攀比谁更有商业头脑，谁更精明、更勤快，谁有房有厂有店面，谁有生意、有钱赚。

看过这些以后，方婷便不再追剧，而是开始思考，开始学习义乌人的经商精神。对于义乌人来说，钱就是面子。方婷说，在这个城市，你穿睡衣出门都没人看你，因为这里没有那些需要员工穿着得体的写字楼、办公楼。在市场里，你也看不出他们究竟有多少身家。

义乌人极度务实，认为很多事情都会变，只有利润不会，他们对金钱充满了执念。义乌是个只要肯付出、不要敲门砖的地方。想在这里发展，你不需要有多高的天资，也不需要有大学毕业证或是职业资格证，只要你肯吃苦，能付出，来了就会有机会。只要机会来了，义乌人都会看到，也都会拼命去抓住那个机会。

位于义乌国际商贸城两公里左右的北下朱村，被称为中国“网红直播第一村”。99 栋商住楼，1200 间营业房，1000 多个微商品牌，从业人员超过 50000 人。据说，仅一个北下朱村就有 5000 多个网红。本来不知名的小村，由于被微商群体占领，那里的房租都跟着一路高涨。

与国际商贸城的整齐规范不同，网红直播第一村可谓十分接地气。这里到处都是货，这里的人聊的也都是货。在国际商贸城里，中年妇女很多，孩子满商场跑。而在网红直播第一村，都是年轻人骑着三轮摩托在这里穿行。装货、拉胶带、谈生意……一派欣欣向荣的景象。

北下朱村的货品和商贸城里的不同。商贸城的货品主要以抖音、快手上的网红爆款为主，而北下朱村的货品则集中在内衣、保暖裤、美妆用品上，每家的门牌上都写着支持一件代发、不用备货、不用压货等字样。

对于网红和微商从业者来说，北下朱村简直就是天堂。这里的货非常便宜，单价只有两块多。不仅如此，这里还有勤劳的工人，源源不断的流量，以及完整的配套产业链。

义乌集中了全球 80% 以上的小商品，8 万多个商铺，背后又连接着工厂，每个店铺的库房里面都堆满了各种商品。网红一来，库房瞬间可以变成直播间。据说，这里每天的快递发件量在 5 万单以上。这里的住户说，早上五六点就能听到楼下打包的声音，夜里两点多打包声也停不下来，生意超级火爆。

三挺路夜市是义乌最著名的夜市。那里每天的人流量上万。服装、电子产品、一些七七八八的小玩意儿应有尽有。这些产品的单价都极低，衣服一百元两件、三件，很多老外提着大包小卷在听店主用流利的英文介绍店里的衣服。即便是在线上购物如此便利的今天，三挺路夜市依旧是人挤人，大家在布帘子里试衣服，出了帘子，交易达成。

买房子、买店铺是义乌人最爱的投资方式。当年几万元的商铺涨到几百万元，很多人因此大赚了一把，所以义乌人对房产投资深信不疑。他们认为，只要义乌还有人来，义乌的房价就不会跌。

炒股票也是义乌人喜爱的投资方式之一。他们一边看店，一边炒股票。他们的炒股心态非常好，认为跌了涨了都很正常。他们不是专业投资者，也不像上海人那么爱钻研，一般只凭感觉买卖。

方婷说，义乌人喜欢掌控事物的感觉。从某种程度上来说，股票折射出了义乌人的自信，以及对财富的欲望。

方婷至今不会讲义乌话，不是因为太难学，而是根本用不到。笔者问她，你的工作无须坐班打卡，通过一部手机就可以搞定，在哪里生活还不是都一样，何必非要留在那个没有亲人的小城里？她回答说，在义乌，不仅有肉眼可见的金钱，还有触手可及的机会。

吴先生是义乌本地人，35岁左右。他与笔者见面的时候手里正把玩着一条核桃手串。吴先生告诉笔者，除了核桃手串外，他还有另外一个爱好——海钓。吴先生所在的小圈子里经常组织聚会出海钓鱼，钓鱼的装备自然也不能太差。有时，他们还会组织比赛，钓的数量和质量都被列为考评标准。有一次，吴先生钓上来一条价值不菲的大鱼，那条鱼当场就被卖了个高价，吴先生那次海钓的花费也随即赚了回来。

吴先生的投资方式很简单，就是炒股。他一般会选择超短线，全凭感觉买。但他投入股市的钱不多，他认为股票还是有风险，不能投入大量的现金在里面。笔者问他有没有投资过其他金融产品，他说从来不投，因为他不懂，索性也就不买。家里有几栋楼出租，租金一年就有几十万，收入稳定。最近，他还在到处看房子，因为他觉得钱还是投在房子上最让他放心。

义乌很少有六层以上的高楼，即便有，一般也都是外地人在住。传统的义乌楼房都是五层，地下用作仓库，一楼用作店铺，二到四楼出租给住户，至于顶楼，义乌人会用来自住，他们有时还会在顶楼种菜，吃不完还会拿出去卖。义乌人可是一点资源都不会浪费的。

义乌人闲不住，喜欢折腾，在折腾中寻找机会并抓住机会。他们的勤劳、淳朴，以及敏锐的商业头脑都给外地人留下了深刻的印象。义乌人可谓天资有限、后天努力的典范。从他们身上，我们能看到中国经济的活力。

第四节　中国香港地区及海外

一、香港地区

香港，一座特别的城。深港两地，仅一水之隔，但文化却完全不同。

香港已连续二十几年获选为全球最自由经济体，这恰恰是香港能够成为亚洲乃至全球金融中心的关键所在。在香港的金融业还不发达的年代里，英国商人们就开始在香港发行股票，“拿别人的钱办大事”的理念很早就被引入香港。

作为转口贸易的集中地，与贸易相关的保险、汇兑等业务在香港也随之发展起来。历经一百多年的发展，自由港政策早已渗入香港经贸的骨髓之中，巩固了香港国际金融中心的地位。

香港，一个弹丸之地，财富在这里流转，国际上众多知名的金融机构在此设立办事处，很多优秀的人才也都聚集于此。

1. 打工仔的逆袭

欧阳是潮州人，20 世纪 90 年代初，她与丈夫到香港打拼。两人先是在一家电器厂当学徒，后来成了生产线上的工人。欧阳和她丈夫都非常能吃苦，喜欢钻研，经过多年不断地努力，两人都成了工厂里的技术能手。后来，他们老家招商引资，两人便决定回老家开设一间工厂，为原来的老东家代加工产品。当时国内的各项生产成本比香港低得多，欧阳和丈夫手把手教工人从事生产，在他们的带领下，工厂很快就做得有声有色，二人也因此赚到了人生的第一桶金。

1997 年，香港遭遇金融风暴。欧阳把国内的工厂卖给了老东家，她和丈夫两人用卖厂的钱在香港以低价购置了多处房产。后来香港楼市回暖，欧阳和丈夫两人的房产也大幅增值。

即便坐拥多套房产，拥有稳定的收入，对于吃穿，欧阳也没太多讲究，每天固定去离家两条街远的早茶店，点个菠萝包和冻奶茶当早点。

2. “金钱永不眠”

作为全球三大金融中心之一的香港，其金融优势不容小觑。

在香港有这样一种说法：中环人不是香港人，他们来自全世界。

中环无疑是香港政治与金融中心的核心，汇集了香港政府、汇丰银行、中银国际、摩根大通集团等机构或企业总部，是精英翘楚的聚集地。国内的很多商业大佬也都在中环地区拥有物业。马云、蔡崇信的家族办公室——蓝池资本，就位于香港中环交易广场二期。

港股 IPO 在过去的 10 年中，有 6 年的集资额全球第一。截至 2018 年底，内地企业在港上市占比超过 49.5%，总市值占比 67.5%，成交金额占比 79.1%。

阿强是一位私募基金经理，原来在内地一家很有名气的基金公司做基金经理，后来通过优才计划来到了香港。他的老板是加拿大人，同事有印度人、荷兰人，公司在纽约也有办公室。阿强打趣地说，他们公司可称得上一个小型的“联合国”。作为对冲基金经理，阿强每日的工作压力非常大，飙车是他释放工作压力的唯一方式。

Vivi 是东莞人，大学毕业后她进了当地的一家证券公司工作。Vivi 天生对数字敏感，在那个重男轻女的时代，她是当地唯一的女交易员。后来，她经人介绍去了香港一家公司做起了黄金交易，也结识了她现在的老公，一个温文尔雅的香港本地人。在小有成就之后，她和老公两人利用积蓄和贷款创建了他们自己的公司，虽曾濒临破产，但他们还是咬着牙挺了过来。多年来，为了盯盘，夫妻二人的生活都是日夜颠倒的。

在一次香港会展中心举办的金融博览会上，Vivi 遇到了一位天津某金融公司的老板，这位老板计划在香港寻找合作伙伴做黄金交易业务。两人相聊甚欢，之后又一拍即合，达成了合作协议。从那之后，Vivi 的内地客户多了起来，随着内地客户对黄金投资的青睐，Vivi 的公司也越做越大，并成功在美国上市。

在香港，做销售不会让人瞧不起，只有赚不到钱才会让人瞧不起。20 世纪 90 年代末，雅红姐是深圳一家保险公司的保险代理人。在短短几年时间里，她就拥有了一大批客户。在开展业务的过程中，她发现了国内客户境外资产配置的需求，在充分了解了香港保险的优势之后，她考取了相关牌照，幸运地拿到了相关许可，并正式加入了香港保险代理人的团队。后来，由于雅红姐的业务做得很出色，她很快就升任了联席董事，并与几位同事一起出资买下了一家保险经纪公司。在服务高净值人群的同时，自己也成功迈进了“高净值”的圈子。

二、海外

有机会的地方从不会被中国人忽略。几年前，笔者和朋友去法兰克福旅游，还未倒过时差，笔者便在朋友圈发了一条状态，随后便收到了一个温州朋友的信息："真巧，刚好我也在法兰克福，来参加温州商会组织的全球华人投资峰会。"看到这位朋友的信息之后，笔者不得不感叹温州商人的足迹真可谓遍布全球。

高净值人群的工作圈子为他们提供了广阔的全球视野，在不同的国家和地区寻找投资机会是高净值人群获取财富的一种方式。

投资专家赵丹阳在一次演讲中提到："越南将成为下一个全球股市所在地。大家想赚大钱，应该去越南抄抄底。"在赵丹阳看来，巴菲特、索罗斯之所以能成功，是因为他们过去几十年都待在美国，而美国是一个不断向上发展的经济体，如果他们待在日本或是欧洲，那么他们很有可能就不会成功。

珍妮是一家老牌移民公司的金牌销售。2020 年初，由于我国新冠疫情形势严峻，不少高净值人士都曾考虑移民，当时的移民咨询业务因此而异常火爆，25 万欧元希腊或土耳其的三代移民项目备受欢迎。不过，在我国疫情得到了控制，国外疫情迅速暴发之后，移民咨询业务急转直下。珍妮说，小公司挺不住的都已经倒闭了，而她所在的移民公司经营了20年，效益从未如此惨淡，老板裁掉了很多人。这一次的新冠疫情，浇灭了许多中国高净值家庭移民海外或送子女出国留学的热情。本来已经作好移民打算的人，现在都持观望的态度。虽然人出不去，但并未阻挡一些高净值人士海外投资的热情。

2015年，笔者采访了著名经济学家李稻葵教授。在采访中李教授说，投资是为了未来，越是困难的时候，就越要想到未来。如果感到困难，什么都不干，经济就会越来越差。经济越是差，人们就越要进取，越要研究投资。现在看来，李教授的这段话在当下的经济环境中更加应景。

李教授的一个观点曾被媒体广泛引用，他在央视《对话》栏目中鼓励民众投资海外项目。他认为我们应该要有国际化的眼光，既然热钱大量地涌入中国经济，那凭什么这个肥水要流入外人的田里呢？我们为什么不把一部分老百姓的人民币换成美元，投资到一些利用中国经济而发了财的股票中去呢？资金形成对流后，我们的投资就能获得比热钱投资还要高的利润。

海外投资已成为中国高净值人群资产配置的一大趋势。高净值人群之所以选择海外投资，其逻辑便是当周期性的繁华增长散去，不确定性和新常态成为全球经济的主旋律时，极少有哪个国家的经济能稳定增长数十年。各国的经济在轮动中发展，而分散投资，多币种布局，既可以规避风险，还可以获得投资收益。

拓展阅读

城市性格

在中国，不同地域、不同城市之间有着巨大的差异。

北方地区，由于先天资源丰富，地域优势优渥，北方人的性格多豁达爽朗，大方而不拘小节。与之相反，南方地区多山地河流而少平原，地形地貌受山水阻隔，条块分割相当严重。南方人在“巴掌大”的土地上精耕细作，为了生存，他们养成了精打细算、小心谨慎的思维习惯。

越是开放富裕的城市，其包容性和多元性就越强，本地人可坐享其成，外地人可靠拼搏获利。相较之下，经济实力弱一些的城市，其开放性就差了许多。

预测一个城市的发展是最大的投资

我们通常根据某些指标来分析城市的发展前景和创富能力，例如政治地位、产业基础、人口数量等。但我们往往忽视了另外一个重要的因素——个体与城市的匹配性。超大城市未必适合所有人，在普通的城镇乡村，选对了创富路径，普通人也可以成为高净值人士。换言之，个体与城市的匹配性才是创富的关键。

3

CHAPTER

高净值人群的生活方式

有闲未必懂得休闲，有钱未必懂得花钱，一味追逐金钱的生活方式并不值得提倡，因为它缺少远方。

法国作家罗兰·巴特曾说："理想的生活就是有些钱，但不要太多。有些权力，不要太大，但要有大量的闲暇。"

财富对于一个生活在商业社会里的人来说不可全无，否则你会生活得没有尊严，也没有安全感。然而，那种一味追逐金钱的生活，在笔者看来，也并不值得提倡。

第一节　兴趣爱好

一、运动

赵丰靠房地产起家，他爱雪茄、哈雷摩托，也爱滑雪、打高尔夫球。可高手也有失足的时候，有一年滑雪时，他在野雪道上摔倒，导致腿部受伤，从此再也不能滑雪了。剩下的体育爱好就只有高尔夫球了。他说，打球的过程也是自我成长的过程，是最能磨炼人的心性的。最初一个球没打好，他会懊恼一天，可渐渐地，他学会了调整心态，好与不好都能放下，用心打好下一杆。他非常享受自己现在的状态，输了也不懊恼，赢了会有小窃喜。

高尔夫球的美妙之处在于可以一个人玩，也可以一群人玩。一个人玩的时候自己和自己较劲，一群人玩的时候相互竞技、切磋，不亦乐乎。在球场上，既可以展示别人，也可以展示自己，既可以观察别人，也可以被别人观察。一个人的“球风”“球德”，即他的“人风”“人德”。球场上有自己人生中的良师益友，有事业上的潜在合作伙伴，当然也有需要警惕或远离的人物。

对于高净值人群来说，高尔夫球不仅是一种运动，也是谈生意的一种方式。在视野开阔、心旷神怡的球场上，无数笔生意在这里达成。

二、酒

中国的酒文化源远流长，社交关系的维系离不开酒精的调节。自古以来就有“无酒不成席”之说，因此，在中国的社交饭局上，一直都少不了酒的存在。推杯换盏间促成投资生意，浅饮雅酌间交流感情，酒能促进人与人之间情感的沟通。

很多高净值人士都是葡萄酒的爱好者，他们喜欢白葡萄酒的清新脱俗，也爱红葡萄酒的丰厚浓郁，他们认为葡萄酒会带动感官、味觉和嗅觉的多重体验，是提升用餐体验的尚佳之选。

电影《杯酒人生》里有一段经典的台词："我喜欢思考酒的一生，把它想成是有生命的东西，想葡萄成长的那年发生了什么事，下过雨之后的太阳如何闪耀，想所有采集葡萄的人们，如果那是瓶老酒，他们又有多少人现已不在人世了……要是我今天开了一瓶酒，它的味道会与我昨天或是明天开它是不一样的，因为酒其实是有生命的，它会持续演变，直至最完美的境界……然后它会维持稳定，最后不可避免地走向衰老。葡萄酒的一生，像极了人的一生。"

在葡萄酒行业中，会有新旧世界的区分。以法国、德国为代表的旧世界葡萄酒国家的大多数葡萄酒产区的气候一般都偏冷；而以智利、澳大利亚为代表的新世界葡萄酒国家，其大部分产区的气候偏热。旧世界葡萄酒国家是遵循老的传统和经验，认可世代传承的酿酒人形象，而新世界葡萄酒国家则是勇于尝试新的种植和酿酒技术，鼓励半路出家的酿酒人。

近些年，葡萄酒在国内逐渐开始流行。从喝酒到品酒，中国人对葡萄酒文化的了解逐渐提高，不少喜爱葡萄酒的高净值人士会从酒庄直接采购葡萄酒，或者干脆直接收购一个酒庄。赵薇、马云、姚明、沈东军等知名人士，都已在法国波尔多买下了自己的酒庄。法国的酒庄数量多如牛毛，在南部的一些地方，葡萄年份新的小酒庄只要几百万人民币就可以收购。

说完葡萄酒，再来说说威士忌。作为不少高净值人群的最爱，单一麦芽威士忌是最具投资价值的威士忌类型，单一麦芽威士忌生产的数量较少，只占威士忌总量的10%~20%。苏格兰、爱尔兰和日本产的单一麦芽威士忌都具有一定的投资价值。据说，国内的一些高净值人士专门去日本寻找单一麦芽威士忌进行投资或是收藏，但最后却铩羽而归，究其原因，还是这类威士忌的生产数量太少的缘故。

根据权威的威士忌经济及分析公司 Rare Whisky 101（简称 RW 101）的数据显示，2017 年，英国威士忌拍卖市场的总成交额超过 2000 万英镑，成交量在 8 万瓶以上。在此类威士忌交易中，绝大多数都以瓶为单位成交的。但随着市场对稀有威士忌的需求增长，一些威士忌爱好者不再按瓶购买，而是以桶为单位购买威士忌。

在苏格兰，烈酒在木桶中至少贮酿三年才能成熟，在法律上才可被称为威士忌。盛放威士忌的酒桶所用木材的类型、年龄、大小，以及酒桶中之前所盛放的液体都会对威士忌的品质产生影响。

三、茶

万丈红尘一杯酒，千秋大业一壶茶。酒文化和茶文化的流传，与两者都具备极强的社交属性是分不开的，喝茶聊事情，喝酒谈感情。茶、酒既是一种媒介，也是一种生活方式。

前段时间，Leo 刚从老班章采茶归来，带回了一些拥有 500 多年历史的古树茶。我们一边品茗，一边听他畅聊采茶的经历。他说他成都的一位朋友非常爱茶，这位朋友每年都会到老班章去采茶，和当地村民的关系也很好。Leo 和他的这位朋友结伴相约飞到昆明，之后再坐车到老班章。茶叶经现摘现采，现场炒制后，再被他们打包带走。

记得有一次，笔者去一位超高净值人士家中做客，他泡了“螃蟹脚”给笔者喝，这是笔者第一次听到这种茶的名字。这位高净值人士告诉笔者，“螃蟹脚”是一种长在山地阔叶林中或常绿阔叶林中，寄生于枫香、油桐、柿树或壳斗科等植物上的一种灌木，生长周期要 3~4 年，汲取寄生植物的养分，是不可多得的珍品茶，因形状像蟹脚，所以得名“螃蟹脚”。

在这位高净值人士的家里，有一个专门用来储存茶叶的房间，恒温恒湿，整整一屋子的茶，不同的品种，装在大大小小的罐子里。冲茶的水来自云南，泡茶用的铁壶、喝茶用的茶盏都是主人收藏的源自不同朝代的器具，仅那一个铁壶就价值不菲。笔者举起茶杯，闻着茶的香气，喝出了别样的味道。

潮汕人爱茶。据说过去南迁时，客家人带的是书籍，广府人带的是筷子，而潮汕人带的则是茶具。潮汕人不论男女老少都要喝茶，早中晚不间断地喝，甚至睡前他们也要喝茶。即便是去对方家里吵架，他们也要边喝茶边理论。潮汕有一种“米”，被称为茶米。说它是米，但实则是茶，潮汕人把它当成米饭，天天都在“吃”它。

四、雪茄

从古到今，雪茄从来都不缺忠实的粉丝。古巴革命领导人切·格瓦拉对雪茄的痴迷程度可称得上是世界第一。据不完全统计，英国前首相温斯顿·丘吉尔一生抽掉了6000斤的雪茄！

享受一支好的雪茄，需要剪去雪茄帽、用专业打火机点燃，这种仪式感能渐渐地把人从日常俗务中拉出来，使人能找回舒适放松的状态。抽雪茄的过程既不能太快，也不能太慢，一支中等长度的雪茄往往需要一到两个小时的时间来享受。

雪茄是一个百搭品，可营造出不同的氛围，配茶、咖啡、葡萄酒、威士忌都可。很多高净值人士都是标准的“茄客”。

说雪茄是奢侈品，其实并不是因为雪茄本身的价格昂贵，而是因为在抽雪茄的过程中，那段凝心静气的时间才最为奢侈。在雪茄香气的缭绕下，人会陷入某个场景当中，享受雪茄的过程也可以成为一次深度思考的过程。每次有规律地抽一小口，慢慢享受，不要将雪茄变成一团火球，保持雪茄稳定的火候，才能使它的香气尽情地发挥出来。一支雪茄不需要一次性快速抽完，可留待下次品味。

雪茄除了可以一个人享受外，还可与三五好友一起享受。在对的地方与对的人一起享受雪茄的感觉更是美妙。高净值人群一般会有常去的雪茄会所，他们会选择在那里谈生意、聊人生。

五、收藏

收藏需要品、鉴、赏，而这些特点也注定了搞收藏的人大都过着一种慢生活。在品、鉴、赏的慢节奏中保持一种精致的生活状态，以及对艺术的感受力。

藏品对于藏客来讲不分贵贱，只要认为有价值、有意义或者是有故事的，藏客都会愿意收藏。

居住在深圳的鲁先生可谓一位收藏大家。说到鲁先生收藏中的最爱，那非相机莫属。鲁先生的每部相机背后都有故事和回忆。在梅里雪山前，为了守云开，鲁先生曾等候了三天三夜。在光与影的世界里，每张照片都凝结了他的心血。通过他的作品，笔者能体会到一个摄影家对于世界的观感，他的阅历、思想与眼界已在无形中和作品融为一体，浑然天成。

从某个方面来说，一个藏家正是这些珍贵作品的“拯救者”。“众里寻他千百度，蓦然回首，那人却在灯火阑珊处”的偶遇和一见倾心，像极了收藏者和藏品的关系。

对于藏家而言，艺术品的定价是否合理，其标准是很难界定的。很多时候，藏家的情感会战胜理性，只为喜欢买单。收藏主要靠的是眼光，寻找到独一无二的心头好之后，还需要有耐力，能将它藏住。从某种角度上来说，收藏品的价值来自收藏者的眼光和喜好。藏品本身并未创造过价值，但时间会赋予它一定的价值。

六、旅行

“一个人究竟要走多少路，才能够长大成人？”去旅行，走遍全世界，这或许是大部分人梦想计划中必不可少的一部分，只是有的人把它当作了梦想，而有的人，却把它当成了自己的生活方式。

大多数高净值人士每年都有固定的假期，他们会利用假期陪伴家人，或者随好友和合作伙伴共同出行。很多持有他国长期签证的高净值人士，其实并不是为了要移居国外，他们只是为了有一个说走就走的便利条件。一个做移民的客户经理说他的一个客户先是拿了澳洲签证，在澳洲住了一段时间后，觉得那里的自然风景太过单一，去其他地方又太远，于是又去申请了欧盟签证，原因是他迷上了欧洲文化，想要深入了解欧洲丰富的人文历史。

一位金融圈的大佬爱读书，也爱旅行。他告诉笔者说，他前段时间读了《耶路撒冷三千年》和《我的应许之地》两本书，于是呼朋唤友来了一次说走就走的旅行。重返以色列，沿着书中的足迹探寻古老文明的发源地。这位大佬的圈中好友不乏一些在资本圈叱咤风云的人物，他说，他和他的这些朋友已经认识几十年了，至今都还保持着密切的联系。每年他们都会一起出去旅行，而且每次他们都自己制作旅游攻略，不跟旅行团，也不麻烦别人。圈里精通英语、德语、法语、西班牙语的朋友都有，因此他们去哪玩都不用带翻译。

志远是一位律师，但在别人的眼中，他却更像是一个旅行家和摄影家。律师反倒就像是他的副业。多年前，志远曾许下愿望，希望自己在 35 岁前走遍全中国，而他的这一愿望，在他 32 岁那年就实现了。如今，45 岁的志远已经走过 50 多个国家和地区，他用镜头和文字记录一路的风景和感悟。志远说，把人生当旅途，接触多彩的世界，不仅能丰富内心，还能拓宽视野，增长见闻。久而久之，人自然也会变得豁达，会发现世界就在我们的心里，在我们的眼中。当我们老的时候，走不动的时候，依旧有回忆在眼前呈现。他建议年轻人不必把路走得太快，不要把自己变成一个赚钱的机器，而要让自己的灵魂跟上自己的脚步。

远行，让人们从熟悉的空间中抽离，暂时摆脱原有的身份和地位，逃离规矩与约束，找寻本真的自己。

七、阅读

2019 年 4 月 23 日，“思想文化大数据实验室”在北京发布了 2019 年城市阅读报告《从阅读数据看城市气质》。报告描述了 2018 年国内阅读的基本面，总结出阅读现象的十大亮点，并综合纸书销量数据与在线阅读数据计算出全国 36 个重点城市和 300 多个地级市的阅读指数，发布了 1 个“阅读指数总榜单”和 5 个“城市气质分榜单”。其中，阅读指数最高的三个城市分别为上海、北京和深圳。数据显示，高收入人群危机感更强，阅读类型偏实用主义，喜欢读管理类图书。低收入人群更偏爱小说类图书，希望通过阅读获得一种愉悦和享受。

阅读能够改变命运，投资大师巴菲特用一生的身体力行证明了这一点。查理·芒格曾说：“我这辈子遇到的来自各行各业的聪明人，全部都是每天阅读的人。我读过的书多到可能会让大家感到吃惊。我的孩子们都笑话我，他们觉得我是一本长了两条腿的书。”

中国有句古话：书中自有黄金屋，书中自有颜如玉。读书的人，头脑中知识的广度和深度会逐渐提升。阅读，可以让人学会独处和深度思考。高净值人群格外关注自身能力的提升以及圈层的认同感，对知识的渴求推动他们不断学习。想了解一个人，去看看他的书架，看看他最近在读什么书，便可以判断出他的喜好、兴趣，甚至是思想境界。

历史、管理、经济、哲学、人文，这几类是高净值人士喜欢阅读的图书类型。读史可明鉴，看历朝历代的人物故事，了解历史事件，可以吸取前人的教训，继承前人的智慧。丘吉尔曾说，你能看到多远的过去，就能看到多远的未来。读史会让人更清醒，不迷茫。

经管类图书实用性强，是高净值人士工作中必不可少的读物。畅销几十年的经典之作，新派管理和经济方面的代表作等都能帮助他们找到更好的经营管理的思路和解决方案，从国内外经典的企业案例中发现管理的智慧。

哲学、人文类图书是提升修养境界的读物。哲学是与生活经验紧密相连的一门学问，离开生活经验，哲学就会空洞无物；离开哲学指导，人生就难以确立正确的价值取向。哲学和人文，让阅读者渴望探索人与自己、人与自然、人与人、人与社会、人与宇宙的关系，从不同的维度去观照内心。

英国政治家、哲学家弗兰西斯·培根在《论求知》中写道："当你孤独寂寞时，阅读可以消遣；当你高谈阔论时，知识可供装饰；当你处世行事时，正确运用知识意味着力量。懂得事物因果的人是幸福的，有实际经验的人虽能够将事情办好，但若想要运筹全局，却唯有掌握知识才可办到。"

第二节 精神追求

著名社会心理学家亚伯拉罕·马斯洛把人的需求从低到高分成五层，其中，人的最高需求就是自我实现。高净值人群在实现了物质目标后，便会开始注重精神上的追求。他们会选择做一些对社会有益，甚至是对人类未来发展有影响的大事情。

很多高净值人士就像一台高速运转的机器，不分昼夜地工作，他们很难像普通老人那样，满足于儿女承欢膝下、岁月静好的生活。即便是在人生的后半程，他们也依然想要实现自己的人生价值。

美国电影《实习生》中讲述了年近 70 岁的退休老人 Ben，曾经是一位精明强干、事业有成的白领，然而退休后的平淡生活令他对过去忙碌充实的职场生活无比怀念，于是他选择重回职场，并成为一家著名时尚购物网站创始人的私人助理。即便工作内容非常琐碎，可他乐在其中，重拾了过去的快乐与充实。与年轻人在一起工作，他觉得自己也变得年轻了。

笔者曾采访过《看见未来》的作者余晨，他曾前往硅谷腹地采访马克·扎克伯格、埃隆·马斯克等人。笔者问他，你觉得他们的成功有哪些共同点呢？余晨说，他们的所思所想所做都不局限于当下，且他们都拥有一个非常伟大的目标。他们都是站在想要影响社会文明进程的角度去完成某件事情的。正因如此，我们才看到梦想远大的埃隆·马斯克不仅敢说大话，还有实力把那些我们常人认为很难实现的梦想都一一实现。

4

CHAPTER

高净值人群的四大核心需求

对于高净值人群而言，他们已经具备了积累财富的能力。当经济基础已被成功建立，财富最大的意义则是服务于他们最根本的需求。

人的一生，所有的问题都离不开“生老病死”四个字。生，是新生，是对下一代的孕育和培养；老，是养老，对父母的赡养既是责任，也是义务；病，是疾病，需要预防和救治，延长生命只为能更长久地活着；死，是死亡，财富的传承和分配需要在生前作好规划，才能避免一些不必要的麻烦。

对于高净值人群而言，他们已经具备了积累财富的能力，当经济基础已经建立，财富最大的意义则是服务于他们最根本的需求。

据胡润研究院的数据显示，“自身及家人健康”以 61% 的选择率排名“高净值人群所关注的问题”的第一位，其次为“父母养老”（57%）和“子女教育”（55%）。除此以外，“家族传承”也逐步走入高净值人群的视野当中，成为他们关注的问题之一。

由此可见，身心健康、养老生活、子女教育、传承规划已然是除了财富之外，对高净值人群来说最为重要的四大核心需求。

第一节　身心健康

想要活到100岁对每一个人来说都是一种奢求。从瑞银全球财富管理的一项调查中可以发现，虽然大部分高净值人士愿意为了延长寿命而牺牲金钱，但他们也会担心医疗费用的上涨。调查中还发现，10位高净值人士中有9位认同“健康比财富更重要”。在瑞银问及他们愿意放弃多少钱以保证“额外10年的健康生活”时，拥有100万~200万美元净资产的高净值人士，大多愿意放弃他们1/3的财富来换取额外10年的健康生活。而拥有超过5000万美元的高净值人士，则愿意放弃他们1/2的财富来换取额外10年的健康生活。

高净值人士大都坚信自己基因优秀，因此更为珍视生命。他们深知如果没有健康作保证，那么再多的财富也毫无意义。对于他们来说，身体健康才是一生的终极追求。

不少高净值人士年轻时白手起家，靠勤奋努力赢得今日的财富，他们或多或少都有些大病小病。人生前半程，他们拿命换钱，而人生的后半程，他们愿拿钱换命。

一、高端优质的医养服务

在不少高净值家庭中，先生是赚钱的主力，而太太则负责料理家务。用一句俗语来说就是“男人负责赚钱养家，女人负责貌美如花”。不少贵妇太太、金领女性每年都会在高端护肤品、医疗美容、体检等方面花掉一笔不菲的开支。总之，她们会为了保持良好的状态，选择最好的医养服务。

和艾莉姐见面，她带了一位漂亮姐姐——朱迪，五十几岁的样子，但皮肤保养得很好，体态也极佳。

笔者好奇地问朱迪是如何保养皮肤，管理身材的，朱迪说，女人要像管理工作一样，管理你的皮肤和身材。除了定期去美容院做护理外，朱迪还坚持跑步，每天五公里，雷打不动。内服外用都要定时定量，身体的各项指标都要控制在标准的范围内，超标就要惩罚自己。

朱迪还专门请营养专家，根据一家四口的身体状况配备营养套餐，一季一换，从食材到烹饪方式都有讲究，家庭医生也会随时根据他们的身体指标给出保养建议。朱迪说，把标准控制好，一切按照标准执行，结果自然不会太差。在健康上的资金投入，其效果虽不会立竿见影，但从长期来看，身体素质和抵抗力一定会有明显的增强，会让身体保持最佳的状态。

二、高净值人群的亚健康问题

伴随着财富的积累，高净值人士由于牺牲了大量的休息时间，从而导致自身不同程度的亚健康状态。

很多企业家自嘲是“起夜”家。胡润财富报告中显示：加班和熬夜是引起高净值人群健康问题的元凶。失眠多梦、头痛头晕和易疲倦是高净值人群常有的健康问题。与此同时，由于工作压力大，很多高净值人群会产生焦虑、抑郁的症状，平时看上去和正常人一样，但内心的煎熬和痛苦只有他们自己和家人可以体会。他们中的一部分会寻求心理医生的帮助，在疏导的过程中缓解煎熬和痛苦，但也有一部分人，由于没有足够重视自己的健康问题，使自己原本轻度的亚健康问题变成了重度的疾病。

林志是一家大型金融机构的高管，在所有人的眼中，他阳光帅气，是个典型的钻石王老五。可他的骤然离世，才令他身边的人发现他已被抑郁症困扰多年。年轻的生命戛然而止，令人痛心的同时，也警示我们应多多爱护自己的身体。

高净值人群的亚健康问题，就像一枚隐藏在丛林深处随时会被引爆的炸弹，让人不易察觉，可一旦爆炸，便会造成无法挽回的损失。

三、高净值人士在生物科技与医疗保健领域的投资

2019 年，在全球众多豪门家族的投资当中，有大约 20% 的风险投资是在生物科技与医疗保健领域。

富豪对长寿的偏爱不仅推动了整个圈子的人青睐投资生物科技，同时还推动了人们对保健品的巨大需求。人类想要延长寿命的梦想也在随着科学技术的发展，以不同的方式在各个领域生根发芽。

在人类历史上，医疗技术的研发和投资从未停止过，医学发展关系到人的健康、寿命和生活的质量。如何在安全无痛苦的状态下进行医学检查和治疗，一直是医学界人士追求的目标。在如今的医疗条件下，长生不老虽无法做到，但尽量地把寿命延长还是可以实现的。毕竟，这世上任何事都比不上健康地活着重要。

高净值人群关注健康，想要获得更好的医养解决方案，是医疗投资的积极参与者和推动者。随着高净值人群规模的逐渐扩大，个性化、定制化的医疗服务需求将为高端医疗带来更广阔的发展空间。

第二节 养老生活

“老”，对于辛苦创富起家的高净值人群来说，是一个很忌讳的字眼。即便他们年过70，但只要他们仍在工作，沉浸在自己事业当中，便不会愿意服老。饱满的热情、浑厚的声音，让这群人看上去也不像一般同龄人那样显老，“革命人永远年轻”的说法也并非虚言。只是生老病死，是每个人都不得不面对的人生历程，因而对于高净值人群而言，养老是一项重要的隐性规划。

一、居家养老

在一般的中国家庭中，子女们根据自身不同的状况为父母制定出最佳的养老方案，解决父母的养老问题，子女们出钱、出力、出心，各尽所能。

温妮是一家美发连锁店的老板，家中姐弟五人，她是老大。父母一直都住在温妮家，由保姆照顾老人的生活起居。后来，温妮的先生突然患重症去世，而温妮的父亲不久后也因脑出血住院，后又半身不遂。双重打击之下，温妮的精神世界瞬间崩塌。以温妮当时的状况，不适合再让她继续照顾母亲，于是姐弟五人商量后，决定将母亲送到老二家养老，由老二来看护照顾他们的母亲，其他四人分摊老人的养老钱。

目前，中国老人的养老方式还是以居家养老为主。俗话说得好：金窝银窝，不如自己的狗窝。老人的需求简单，老人对物质也没有过高的要求，也不希望给子女增添麻烦。很多白手起家的慢富高净值人士的父母都选择在乡下老家生活，对于吃惯苦的人，所谓的享福对他们来说其实是一种受罪。

二、旅居养老

养老方式会根据老人的出身、背景、文化水平等不同而有所差异。如果是高知阶层，或者是从小就生活在城市中的老人，可能会闲不住，会选择旅居养老，在身体还尚可的情况下，游览大好河山。

旅居养老看似是一个不错的养老方式，但也要视老人的身体情况而定。旅途过程中如果没有他人随行，老人若发生危险，无法得到及时的救助，则有可能陷入非常危险的境地。所以，这种养老方式只适合小部分的老年群体。

三、机构养老

高净值人群当中，有一部分人是独生子女，如果他们与同样是独生子女的人结婚后，双方父母一共四人，再加上养育一个或两个孩子，可以说他们是最难、最累的一代。孩子是希望，老人是责任，都很重要。对于父母的养老，他们所要付出的不仅仅是金钱，还有时间和精力。很多养老机构发现了这其中的巨大需求，在“银发经济”上面做足了功课，专门为老年人设立养老社区。这种社区和普通的养老院有着巨大的差异。

美国的太阳城，是全球养老社区的先行者。根据美国的一项调查显示，生活在老年社区中的老人的平均寿命普遍要高于居家养老的老人。原因在于专业的养护和救治服务，会让老人得到及时的帮助。此外，在一个高品质的社区内，老人们能从日常琐事、一日三餐中解放出来，专注在他们喜欢的事情上，发挥余热，找到精神的归属，真正实现老有所学、老有所用。

目前国内的高端养老机构中，有地产公司建立的养老地产、保险公司建立的养老社区、以及一些本土化的高端养老会所。

这些养老机构在全国的一、二线城市都有布局，老人们可以在养老社区里实现“冬在三亚，夏在沈阳”的生活。

这些机构当中的装修、布局等，全部是按照老年人的需求而设计的。所有的家具均采用圆角，防止老人磕碰。卫生间设有助力扶手，床头和浴室设有紧急按钮。针对不能自理和患有慢性病的老人更会有特殊的护理方案。机构不仅设有健身中心、棋牌中心、球场、泳池、电影院等休闲娱乐场所，还设有24小时的医疗救护团队和专业的医疗康复机构，并且机构与国内许多三甲医院，以及一些国外的高端医院都有合作关系，保证老人可以在第一时间获得高质量的救治。这些无疑解除了高净值人群对于父母养老问题的后顾之忧，避免了居家养老的养护和救治不足等问题。

高端养老社区起点高，花费自然也不会低。一般的养老社区的标准是每月1万元左右。

对于高净值人群来说，他们可以为父母或自己选择的养老方式相对更多元化。居家养老，承欢膝下自然是好。可俗话说，久病床前无孝子，逐渐凋零的生命会使家里的氛围发生变化，居家养护不专业和医疗救治不及时等问题也会耽误老人的病情。因此，机构养老目前已成为高净值人群更加青睐的养老方式。

四、移居养老

除了居家养老、旅居养老、机构养老之外，近年来，移居养老也是高净值人群偏爱的养老方式之一。

在亚非银行（AfrAsia Bank）的赞助下，《新世界财富》（*New World Wealth*）发布了《2019年度世界财富迁移报告》，报告研究了过去10年世界私有财富状况与流动趋势，引起了世界各国财经界的热议。很多时候，百万富翁选择移民的原因仅仅是想要换一个地方生活，且他们喜欢污染少、犯罪率低的城市或地区。

2018年，有超过15000名高净值人士离开中国，而澳大利亚是高净值人士移入数量最多的国家。海外华人聚居的地方，通常都是山清水秀，拥有成熟的医疗和养老条件的城市。但在新冠疫情全球蔓延的情势下，很多高净值人士打消或者推迟了他们的移居养老计划。而且，面对疫情，中外政府所表现出的不同态度，以及不同的处理方式，令很多高净值人士决定重新审视移居养老的问题。

对于养老，高净值群体中的一个常见现象就是退而不休。

越有能力的人越忙碌，越忙碌的人赚得越多，高净值人士可利用自己的金钱和资源去提升自己的能力。

根据瑞士信贷集团2017年11月发布的数据显示，“越富有越长寿”的现象在不同国家和地区呈现出不同的特征。在德国，3/4的富人可以活到百岁；在瑞士、意大利和墨西哥，这个数字也超过了2/3；但在美国，只有不到1/3的富人可以活到百岁，在英国也大致如此。

2020年2月发布的福布斯香港富豪榜的前十名中，有五位都已过90岁高龄。有些人认为，富豪为了保持富裕的状态而被迫延长工作时间，而另一些人则坚信，工作是富豪幸福的主要来源。我们很难从科学的角度来证实财富和寿命的关系，但活得越久，对于积累财富而言确实更为有益。

第三节　子女教育

根据美国消费者支出调查数据显示，自 2007 年以来，占美国人口 1% 的最富有人群花在有形商品上的钱明显减少，而花在教育、退休和医疗领域上的钱明显增多。其中，教育消费占到了家庭开支的 6%，比 1996 年增长了 3.5 倍。

这样的变化不仅发生在美国。据相关数据显示，在中国，超过 70% 的高净值人群出于子女教育的目的而考虑移民。他们会倾力把最好的资源投入到孩子的教育上。

据研究，美国私立小学的平均学费为每年 10000 美金左右，私立高中是每年 15000 美金左右。教育投入显然不属于炫耀性消费，也不属于物质层面上的消费。它是无形的、长期的，同时也是最昂贵的消费类别。

古有孟母三迁，今天的家长有过之而无不及。为了让孩子接受更好的教育，家长们也是竭尽所能把孩子送到最好的学校，纽约的妈妈搬到曼哈顿上东区，北京的妈妈搬到顺义，深圳的妈妈搬到蛇口，上海的妈妈搬去浦东……只因这些地方是国际学校的聚集地，而他们要为孩子抢占最好的教育资源。

韩晓今年刚刚升了初中，在深圳的一所国际学校读书。为了帮他选择一所合适的学校，他的父母从两年前就开始筹划：去各类国际学校听宣讲课，了解各个学校的教学理念、校园环境、软硬件配备，以及校长和老师的教学风格、升学情况等。选定几家之后，还要为韩晓制作中英文简历，然后进行投递，等待面试。面试通过后，韩晓才进入了现在的这所学校。

韩晓从小学一年级开始，每年暑假都会出国旅行或者游学，足迹已经遍及美、英、澳、日等国家。家里有专门的高尔夫练习室，每周都会有私教来陪练，萨克斯、足球、表演样样都学。除此之外，韩晓还参加过很多电视节目和影视剧的演出。在学习上，韩晓的父母对韩晓没有太多的硬性要求，只是希望韩晓今后在社会上可以有一定的影响力，而韩晓也一直努力向着父母为其制定的目标发展。因韩晓从小就是班长，培养了他很好的组织能力，他擅长和别人打交道，拥有极强的社交能力。

家长如果想要为孩子安排走国际化教育路线，就不得不投入一笔不小的经费。国内私立或是国际学校的小学、初中部，每年的学费都在10万元到20万元不等，高中部的学费在10万元到35万元不等，而出国留学每年的花费在30万元到50万元不等。这其中还不包括孩子日常的开销、寒暑假的特训营费用，以及出国游学的各项费用等。

一、全职妈妈

在高净值人群中，有一群“特殊”的人——全职妈妈。Ketty一儿一女，全职带娃。之前在外企工作的Ketty面容精致，英文流利，工作上雷厉风行。成为全职妈妈以后，Ketty把工作中的十八般武艺都用到了带娃上。她组织国际学校的家长共同成立了家长俱乐部，一起带孩子去旅行或是去体验不同的课程，旅行的目的地都是一些非常小众的国家。因为共同的背景和圈子，这些父母和孩子们也自然而然地形成了一个群体。

玛莎是笔者原来的同行，做了很多年的儿童节目，是一位非常有品位的女士。她的儿子高中就去了加拿大，她也随之去陪读。到加拿大后不久，她便融入了当地的华人妈妈圈子，捡起老本行去华人电台做了一名主持人，生活过得有滋有味。玛莎和儿子的相处之道就两个字——平等。在孩子很小的时候，玛莎就把他当成“男子汉”看待，告诉他要勇敢，要有担当和责任心。她会引导孩子去判断和选择做什么，以及怎么做，孩子也敢于发表自己的见解，她无需帮孩子作决定，孩子做错了或失败了也没关系。她常说不走冤枉路就不会走路，男孩子要经得起失败，也要学会为自己的行为承担责任。

美国社会评论家保罗·福塞尔在《格调》中写道：“底层人乐于相信等级是以拥有财富的多少来作为标准的。中产阶级认为金钱与等级有一定的关系，但一个人所受的教育和所从事的工作类型其实同样重要；上层人士则认为品位、价值观、生活格调和行为方式是判断身份等级不可或缺的标准。”

“三流的父母做保姆，二流的父母做教练，一流的父母做榜样”，真正能影响孩子的是父母的价值观、行为方式和思维方式。

二、高净值人群因子女教育而产生的一系列规划

高净值人士把孩子的教育经费作为家庭支出的重中之重，围绕孩子的教育，高净值人士产生了几类不同的规划。

首先是身份规划。高净值人群不惜重金去办理几百万元甚至几千万元的投资移民项目，目的就是为孩子提前铺路。海外身份会对孩子今后在国外上学、就业、生活带来许多便利。在上海经商多年的 Lily 姐，她的儿子从小学一年级起就在国际学校读书，高中去了加拿大，之后全家也跟着一起移民去了加拿大。Lily 姐的生意还在国内，规划身份选择移民主要是为了孩子的教育。

其次是购房规划。孩子到国外读书，不少中国家长的想法就是最好在国外有自己的房子，所以随之而来的就是购房规划。虽说海外购房是因孩子上学而做的投资，可说到底，还是因为中国人骨子里的投资惯性。

最后是金融规划。高净值人群会为孩子的学费、生活费、海外保险等提前作好规划。除此之外，孩子出国读书期间的假日旅行安排、安保措施等，也都是他们所要考虑的问题。

人在哪，事在哪，钱也就自然跟随着出现在哪。中国高净值人群的境外投资，大部分都与子女教育有关。当然，也有一小部分高净值人士是由于生意的转移而选择将子女带到国外读书。

三、更好的教育代表更好的未来

古语云：父母之爱子，则为之计深远。

高净值人士一般都会对子女的教育有超前规划的意识，尤其是80后的一代，他们从孩子出生之日起，便开始了“深谋远虑”。

刘威带儿子去中山打高尔夫球，很多人也都带着孩子一起去，刘威儿子的球技引人注目，但其他小孩熟练的英文交流让刘威觉得有些尴尬。儿子在学校英文还算可以，但相较这些孩子来说，却生涩很多。后来，刘威才得知其他几个孩子都是在香港哈罗公学上学。哈罗公学是香港名校，该校每年都有至少 20% 的毕业生可直接升读英国牛津大学、剑桥大学、皇家学院、伦敦经济学院等顶级英国学府，以及其他国家的知名大学。回家之后，刘威和太太交流了一下，认为哈罗公学确实很好，但如果全家远迁香港，将会面临不少的问题。内地的国际学校虽比不上哈罗公学，但是也并不差，孩子未来还是要在内地发展，因此内地的社交圈子也很关键。深思熟虑后，刘威和太太还是放弃了让孩子考哈罗公学的想法。

高净值人士对于孩子的期许其实很复杂。一方面，他们希望孩子身心愉悦地成长，不再吃他们从前吃过的苦；另一方面，他们深知更好的教育意味着孩子将来能拥有更多的可能性，成为更优秀的人，当孩子没有他们时，也能有立足社会的根本。

拓展阅读

关于教育，我们再来探讨两个问题：

第一，教育是否可以改变命运。

好的教育是敲门砖，是准入的门槛，也是另一种形式的过滤和筛选。

前段时间，笔者偶遇一位大学校友，十几年未见，对他的印象还停留在从前的那个青涩少年。然而，这十几年间，他的人生一路开挂，本科毕业后，考上了国内一所知名大学的研究生，后来又考进美国名校霍普金斯大学的经济学专业。毕业后，他进入香港罗斯柴尔德银行工作，后来又进入了一家上市公司负责国际并购。他在美国的大学同学来自全球多个国家，国际并购需要圈子和资讯，这便是好的教育带给他的圈层和自信。

第二，有钱能否有更好的教育。

只要是稀缺资源，一定是高价格的。高净值人群可以花大价钱请最好的老师，或是以捐赠的方式，让孩子上国际名校，但并非所有的高净值人士都会选择这个路径，大部分人还是会考虑所选的教育资源是否与孩子本身的能力相匹配。

接受高等教育是实现阶层跃升的最有效途径，教育机会的不公平正在加剧阶层固化。在美国顶尖私立大学中，只有13.5%的学生来自底层50%的家庭，3.8%的学生来自底层

20% 的家庭，而来自顶层 1% 家庭的学生却高达 14.5%，甚至超过了来自底层 50% 的家庭的孩子的数量。顶层 1% 家庭的孩子就读顶尖私立大学的概率是底层 20% 家庭的 76 倍。

教育体现在一个人终身的学习能力，以及在不断适应社会的过程中解决问题的能力上。有人接受了好的教育也没有找到好的工作，读了世界名校却没有好好学习，浪费了优质的教育资源，相当于白学。

多年前，笔者采访过一位大学教授，他对学生的期许就是希望他们走向社会后，能成为一个了解中国国情和社会，并且能够解决现实问题的文化人。多年之后，笔者才发现其中的深意。这无疑是一个成熟的社会人必备的生存之道，并且在世俗当中又饱有文化人的清流和底蕴。

无论是否有钱，天下所有的父母都会倾尽所有，为孩子创造更好的未来。但最终的结果如何，还是要看孩子自己。教育的本质就是使人了解如何成为一个更好的人，而这也是每一位父母都应该认真思考的问题。

第四节　传承规划

2017年4月6日，《南方周末》上发表了《民企传承事关商业文明传承》一文，文中指出我国50岁以上民营企业家占比为67%。这意味着近七成的中国家族企业需寻找接班人。无论从时间的紧迫性还是从群体的数量上来看，这在世界范围的企业发展史上都绝无仅有。在未来的5~10年，我国将有300万家民营企业面临改朝换代的问题。我国民营企业中约有90%为家族经营模式，其经济总量在GDP中的比重也已超过60%。

在全球家族企业史上，成功传承从来就非易事。根据美国布鲁克林家族企业学院的研究表明，在美国，真正从一代传到二代的家族企业不到20%，有70%的家族企业未能传到下一代，88%的家族企业未能传到第三代。

一、传企业

1. 一代难放权

一代企业家大都白手起家，以奋斗为本，工作早已成为他们的一种习惯。事业的意义对于他们来说，远胜其本身的内容。所以说，很多一代企业家之所以恋“战”，是因为他们放弃不了自己的身份。

笔者曾去深圳的一家上市公司考察。这家公司的创始人早年创业，他的孩子留学后归国，已在企业工作了一段时间。笔者问这位一代企业家是否考虑过接班传承的问题？他非常有底气地说：“孩子还年轻，还需历练，我也还不老，再干 10 年没问题，到时候，孩子能胜任，我就将公司交给他，不胜任就交给职业经理人。”

这位企业家的观点，其实与他那个年代大部分慢富高净值人士的想法是一样的。他们都有着保守的思想，固执多疑，不轻易相信任何人。一方面，他们希望二代能经受考验和磨炼，成为参天大树后接手企业；但另一方面，他们又害怕自己会因退位放权而产生一种空虚感。

二代接班需要准备，一代退休同样需要。管理大师彼得·德鲁克曾说：“考验一个企业家的最后一关是看他能否成功地选择一个继任者，是否能够坦然放弃权利，让他的继任者经营企业。”换言之，家族企业的一代培养出合格的二代，这就是一代企业家最后的成功。

2. 二代难接班

在中国的民营企业中，几乎 90% 都具有家族企业血统，而其中 80% 要在未来的 3~10 年进行交班，家族企业的创始人将面临交接班的阵痛。二代是否愿意接，接了之后能否接得住、接得好、接得久，都是摆在二代面前的难题。

关于企业的传承方式，由二代接班并非唯一的选择。如果二代实在不愿接班，经过两辈人的讨论后，可以选择一个折中的方法，让二代去经营家族产业周边或上下游的生意，充分整合资源，实现家族利益的最大化。此外，很多家族企业会选择委托职业经理人的管理制度，家族的财富则通过信托基金的方式传承。不少发达国家会有专业的家族传承服务机构，这些机构中的一些好的经验和做法也在逐步引入中国。

在中国传统一代的企业家群体中，不少人都有着较为传统的传内不传外的思想，把打下来的江山拱手送给他人去经营和管理，对他们来说需要很大的勇气。

美的集团是中国少有的把经营管理几乎全部都交给职业经理人团队来经营的企业。美的的创始人何享健在 2012 年就退出了集团，他在很多公开场合都曾表示，他最大的成就，就是为美的挑选了一位优秀的职业经理人——方洪波。与此同时，何享健鼓励他的子女依靠自己的实力闯出一片天。他的孩子有的在经营美的上下游产业链企业，有的在做投资，他们都只是美的集团的股东，但并不参与集团日常的管理工作。

职业经理人制必将成为大多数家族企业未来的管理方式。但挑选一位合适的职业经理人的这个过程，其实和培养二代一样，是需要漫长的时间的。能否真正认同家族企业的使命和文化，并将其很好地贯彻到企业经营管理中，是职业经理人最重要的职责。同时，家族如何设立合理的制度和激励措施，让职业经理人拥有充分的话语权、决策权，是决定职业经理人能否与家族长久绑定的重要因素。

二、传财富

企业家只是高净值群体中的一部分，其他的金领阶层、职业投资人等高净值人群，他们没有企业需要传承，不用担心二代继承企业的问题。但如何分配财富确实是他们关心的重点。对于家族财富拥有者，关于财富的传承，他们必须想清楚两个问题：

1. 传给谁

传给亲人：子女、配偶、父母、孙辈等。

传给无血缘关系的人：恋人、朋友等。

传给慈善机构或指定机构。

2. 如何传

遗嘱、保险、信托是高净值人群最普遍的财富传承工具。

遗嘱

遗嘱继承的优点是可以对各种形式的财产作出安排，同时体现被继承人的意志。但它的缺点也很明显：遗嘱份数较多时，难以确定被继承人的真实意愿；遗嘱容易被伪造；遗嘱公证程序繁琐。

保险

财富通常涉及三种权利：谁所有、谁控制、谁受益。财富所有者在世，则各种财富形式都能控制。可如果财富所有者突发意外，各种资产持有形式都有可能产生争议。保险就起到了避免争议的效果，可以通过投保人、被保人、受益人的约定，明确财富分配的权益，实现三权统一。

保险在传承中的优势是可以按照意愿把财富传给任何人。保险合同订立时，投保人到场签字即可，受益人无须在场，此过程具有很好的私密性。相较之下，对于法定继承和遗嘱继承，公证处要把所有的法定继承人和遗嘱继承人叫到现场，无法保障财产分配的私密性。

信托

信托作为国外较常见的传承方式，其优势有三：财富隔离，实现财富的保值增值；约束后代，体现委托人真实意愿；给付形式灵活多样。然而，由于信托在我国起步晚，与其相关的法律及配套的制度都有待完善，且信托的成立、运营、管理成本较高。

三、传精神

通常，我们一听到家族传承，就以为是指把财富传承下去。家族财富的传承，靠一纸协议就可以完成，难的是有关家族文化等方面的传承。所谓传承，传的其实是家族的精神追求，也是家族文化赖以延续的根本。

一位上市公司的老板说，他的财富以后都是孩子们的，他认为现阶段还是应该以培养孩子的家庭文化意识为主，毕竟快乐和幸福与金钱并非成正比关系。家族信托安排得再好，也还是会有人觉得不公平，一家人相亲相爱比有钱更重要。拥有正确的财富观和家族精神才是最为重要的传承。

深圳市巾帼潮商会主席许少丹曾说，一定要让孩子明确一种观念，那就是父母拥有的财富是父母的，如果他们想要成为高净值人士，必须要靠自己努力奋斗才行。如果只有一样东西可以传承，那么传给孩子的应该是生存的本领。授之以鱼不如授之以渔。财富本身只是一个数字，只有拥有了生存的本领，懂得如何在现实社会中立足，那么获取财富才可成为一件水到渠成的事情。

2020 年 1 月，胡润新金融论坛在深圳彭年万丽酒店拉开帷幕。走上台去的胡润介绍说，这家酒店的创始人余彭年先生与他相识多年，余老经营的这家酒店的收益被余老全部且永久地捐献给社会福利机构用于教育事业。余老过世的财产不继承、不变卖，只有一个用途——慈善，他是一位非常伟大的中国慈善家。

这是笔者第一次知道余彭年的故事，在那个绚丽华彩的金融盛典上，笔者却被余彭年的精神所感动，内心久久不能平静。余彭年慈善基金会的资产价值达 82 亿元，是中国第一个超十亿美金的民间慈善基金会。如今的彭年酒店和慈善基金都由余彭年的长孙彭志兵来经营。都说富不过三代，但家族精神倘若能作为一种无形资产传承下去，根植于家族后代的血脉之中，家族的财富或许才有可能源远流长。

好的家风是一个家庭最大的资产。物质很难永久，财富也有聚有散，但精神作为一种持久的力量却可以代代流传。缺乏家教门风的家庭，即便再富有，也无法得到有效的传承，日后终将落为寒门。

四、“家族宪法”：治家传业的根本法

很多欧美国家的大家族会把家族成员必须要遵守的规矩写入“家族宪法”中，以供后代参照执行。神秘的罗斯柴尔德家族，早在 19 世纪中叶，就积累了 60 亿美元的财富，在欧洲形成了一个庞大的罗斯柴尔德金融帝国。这个金融帝国的创始人梅耶·罗斯柴尔德在他去世之前曾立下一份遗嘱，其中有这样一条规定：家族通婚只能在表亲之间进行，任何人都不能违反遗嘱，否则将失去一切财产继

承权。其目的是保证家族血统的纯正，防止财富的稀释与外流。

罗斯柴尔德家族内部的人物关系，可谓一团乱麻。通常情况下，大多数的近亲结合，后代往往会在生理或智力上存在一定的缺陷，但奇怪的是，在罗斯柴尔德家族成员中，近亲结婚生出来的每一个后代都聪明绝顶，并且他们对于金融、商业都有着极其敏锐的嗅觉。这些后代从小接受的家族教育告诉他们，一切按照“家族宪法”的规定行事即可。

“家族宪法”就像一个行动地图和指导手册，让每一代人都清楚地知道自己的责任和义务，应该如何行事，应该用什么样的方式去解决问题等。

1888 年创立的李锦记是国际知名的中式酱料品牌。该家族几代人分分合合，内部纠纷不断。直到后来，家族中的几位成员奔赴全球各地考察和学习家族企业的延续方法，几经波折，才探索出了一套“李锦记家族宪法”的模型。

关于接班人培养，“李锦记家族宪法”中规定：对于是否接手家族生意，后代拥有自主选择权。家族后代要进入家族企业，必须符合三个条件：第一，至少要大学毕业，之后还要在外部公司工作 3~5 年；第二，应聘程序和入职后的考核必须和非家族成员相同，必须从基层做起；第三，如果无法胜任工作，可以获得一次改过的机会，若仍旧没有起色，一样要被辞退。

在接班人的选择上，李锦记家族确立了集体领导模式，不再指定家族企业的接班人，重大事务全部由家族委员会集体讨论决定。

在婚姻方面，“李锦记家族宪法”中也作出了严格的规定：不要晚结婚，不准离婚，不准有婚外情；如果有人离婚或有婚外情，会被自动踢出董事会。这无疑是一种告诫和警示，让家族成员在选择结婚对象时要慎重，否则一旦出现问题，他们将会承担严重的后果。

我们常说，家不是“讲理”的地方，而是“讲情”的地方。一旦把企业经营和家族情感混在一起，就会造成家族关系的不和谐。

“家族宪法”像是一部浓缩了家族规章制度的宝典，由家族成员共同制定，共同遵守。俗话说，家家都有本难念的经。“家族宪法”的制定，没有一个固定版本，根据家族企业和家族文化的不同而不同，但“家族宪法”的目的只有一个，即让家族财富和精神可以世代传承。

古语道：道德传家，十代以上；耕读传家次之；读书传家又次之；富贵传家，不过三代。正所谓厚德载物。有德行的人，会用道德去约束自己。道德是承载财富的器皿中最重要的基础和底线，眼界、学识、智慧是壁垒。拥有了这些，财富才能被驾驭和传承。否则，即便是万贯家财，当财富的创造者离世后，留给后代的财富就有可能锐减，令“富二代”变成“负二代”。

5

CHAPTER

高净值人群的八大危机

对于高净值人群来说，危机本身并不可怕，可怕的是缺乏对于危机的正确认知，没有应对危机的处理方案。

2020 年初，突如其来的新冠疫情给我们所有人都上了一堂人生大课，让我们对生命的无常以及健康的宝贵有了更为深刻的认识。在健康和生命面前，人人平等。

普通人通常会觉得，等有了钱一切问题都会迎刃而解，高净值人士一定没有这么多的苦恼。但事实上，人一旦拥有了一定的财富之后，他们虽然没有了所谓的普通人的烦恼，但随之而来的新烦恼一点也不会比普通人少。

巴尔扎克有句耐人寻味的名言，“一个商人如果从未想过破产，就好比一个将军永远不预备吃败仗，他只算得上半个商人。”高净值人群最怕什么？自然是财富缩水和生活品质降级，而这些都隐藏在突如其来的危机中。

第一节　健康危机

作为企业的决策者，家庭的经济支柱，健康危机所带来的影响是不可估量的。高净值人群在生意场、名利场上开了挂，他们通过奋斗，创造了超越了大多数人的财富数量，但是他们的健康状态，却好像注定要与财富成反比关系。大部分高净值人群刚过不惑之年就老态龙钟，身体的病痛、体检报告中的异常指标也远远多于他们的同龄人，有的甚至因工作压力大、熬夜等而导致过劳死。

一些高净值人士因承担着企业发展生死存亡的责任，他们往往需要花费更多的精力和心血来应对企业内部和外部的变化，使得他们一刻都不停歇地思考，从而忽视了自己的身心健康。身体和精神长时间的超负荷运转，导致健康危机总是突如其来，有时就如同被推翻的第一张多米诺骨牌，在牌被推翻后，随之而来的便是企业无法正常运营，生活节奏被打乱，人生变得混乱。

对于身处高压之下的高净值人群而言，身体健康要防患于未然，有序地进行健康管理；对于心理健康，也要学会及时疏导。只有身心都处于健康的状态，工作才能正常开展，生活才能正常运行。没有健康的观念，就不可能有健康的身体。无论财富多少，身体才是革命的本钱，保持健康的体魄和充沛的精神状态，是高净值人群可以拥有持续生命力和创造力的基础。人活着、活得久，才能实现财富价值的最大化，否则一切都无从谈起。

第二节　企业危机

企业是创造财富的永动机，身为企业之主的高净值人群，他们的关注点都聚焦在企业的经营上，企业不好，财富缩水，企业破产，家庭遭殃。由此必然会产生连带关系，没有哪位企业家能真正做到家庭、企业、财富三者完全分离。

企业所面临的危机一方面源于外部。例如这次的新冠疫情，对餐饮、旅游、零售、出口等行业就产生了非常大的影响。不少企业无法正常经营，但却要承担高额的成本，疫情还未结束，很多中小企业就已走到了生死存亡的边缘。此外，宏观环境、行业政策、竞争格局等因素，都会影响企业的生存和发展。另一方面，投资失利、商誉受损、经营不善等企业内部原因也会导致企业危机。这些危机的出现往往与企业的高光时刻有一定的关联。一些上市公司对自身经验过于自信，采用简单的“对赌 + 回购”的方式作为风控措施，2014—2017 年，很多上市公司由于重组和跨界并购而出现了大幅亏损。

企业的危机如果无法解除，就会导致企业家和企业高管们的财富缩水，甚至会令他们步向失业或破产的悲惨结局。

第三节 税务危机

美国开国元勋本杰明·富兰克林曾说："在这个世界上，除了死亡和税收，没有什么是确定的。"随着社会制度的不断完善，税负是所有人都无法逃避的问题。

从某种程度上来说，向高净值人群征收高额的税率是调节经济平衡的方法之一。财富基数较少时，交税带来的痛是小痛。当财富基数一旦达到一定量级之后，交税就会变成一件令人头痛的事情。对于高净值人群来说，他们大部分的收入都会因税收而缩水。因此，有关税务的筹划和管理，是所有高净值人士需要关心的大事。

高净值人群常常因拥有复杂的资产架构以及多重的税务身份而面临着数量繁多的税种和纳税申报义务。

对于高净值人群中的企业家来说，他们面临的税务问题，主要体现在以下三点：第一，公私不分。很多民营企业家经营的是家族企业，他们常常把公司财产和个人财产混为一谈，这当中就隐藏着很多税务风险，倘若处理不当，轻则会面临罚款或者被列为失信人，重则会产生法律风险，甚至有可能要承担刑事责任。第二，税务机关的查处。近年来，我国税收稽查力度逐年加大，税务机关对偷税、抗税、骗税以及税务人未缴纳或者少缴纳税款的情况不再没有追溯期限，这无异于一枚埋藏于一部分高净值人士心里的定时炸弹，不知何时便会引爆。第三，公司员工、竞争对手的举报及媒体的曝光。企业涉税事宜一经举报或者曝光，会对企业的运营及上市公司的股价产生非常大的影响，有损企业声誉和形象。

随着“共同申报准则”（Common Reporting Standard，CRS）的落地和金税三期的推出，高净值人士所持各类资产的透明度大大提升。因此，只有切实提高自身和企业的税务管理水平，才能有效防范税务风险，避免税务危机的发生。

第四节　债务危机

合理的债务水平有利于经济的发展，用别人的钱赚钱是高净值人群擅长的致富手段。

高净值人群的债务危机通常体现在以下四个方面：

第一，因主动加杠杆而造成的债务危机。用 5000 万的本金做 5 个亿的生意，负债经营会加大企业的财务风险，生产经营及企业投资中的不确定性，让过高的杠杆成为发生债务危机的导火索；

第二，因企业盲目扩张造成的债务风险。在上行经济周期内介入市场，过高的资金成本会让企业不堪重负。企业如果不能良性运转，负债经营的同时，还要面临再融资的风险，在借旧还新中陷入恶性循环，一旦资金链断裂，企业马上就会陷入困境。

第三，配置过多的高风险产品导致投资失衡而陷入债务风险。

第四，家企不分的债务风险。当公司的管理体系和财务体系不健全的时候，家庭财富和企业财富便没有明确的界限，一旦企业发生危机，就会牵连家庭财富。

高净值人群应格外注意家企资产的隔离，学会合理配置资产，不要负债投资，不要押宝单一高风险的投资品种，不断提升对金融机构和产品的识别能力。只有懂得风险定价带来的后果，才能拒绝高利率的诱惑，避免个人财产遭受损失。

第五节　犯罪危机

我国第一代的企业家不少都是靠着胆大敢闯而发家致富的。然而，经济社会发展到今天，管理越来越精细，法律越来越完善，如果还仅靠一个“敢”字当头，不注意法律边界，很容易就掉进法律的陷阱之中。如今的犯罪，大都集中在经济犯罪上，如非法集资、操纵股价、商业行贿等。

2015 年，赶着互联网风头最盛的牛市，暴风集团在创业板成功上市，并连续拉出 29 个一字涨停，被称为当时的“妖股”，市值高达 392 亿元。

人在顶峰时，很难想象一无所有来得如此之快。就在公司发展大步前进时，因为海外收购中的种种问题，2019

年，暴风集团创始人冯鑫因涉嫌行贿被公安机关采取强制措施，公司高管全数离职。2020 年 11 月，暴风集团退市。

短短 5 年的时间，冯鑫从身价百亿到破产入狱。暴风，这个当年仅次于 QQ 和迅雷的装机软件，彼时风光无限，此时却落得无人问津的下场。

获取财富的过程，如同刀尖上舔血，对于其中一些意外致富的高净值人群和衣食无忧的“富二代”高净值人群来说，更容易陷入犯罪危机之中。不少“富二代”虽然从小生活条件优渥，但他们的父母由于工作繁忙等原因，给予他们的关注太少，精神上的交流和沟通远远不能满足他们成长的需要，导致一些“富二代”因缺乏正确引导走上了歧路。

“富二代”的犯罪，与儿时缺少亲情陪伴，或是强势的父母对他们提出过高的要求等因素有关。“富二代”希望通过一些特殊的事情引起父母的注意，可他们的父母却认为只要在物质上满足了孩子，孩子就不会走上歧途，还有的父母一味地对孩子进行严格管理，最终却物极必反，导致孩子走上了犯罪之路。

第六节　骗局危机

在笔者看来，有些时候，一个人在某个领域越是成功，在其他方面的认知就越容易缺失，也就越容易被他人欺骗。不少高净值人士靠风险起家，所以他们更愿意选择冒险，正所谓富贵险中求。行骗之人也正是看中了一些高净值人士不愿轻易放过赚钱机会的心理，针对他们实施犯罪。

一、投资诈骗

近年来，金融投资诈骗屡见不鲜。一位老板告诉笔者，之前他曾参与某位明星老板搞的一个投资项目，还找来了不少投资圈里的专家为该项目背书，后来由于项目经营不善，那位明星老板便卷钱跑路了。笔者问他投了多少，他笑了笑回答说，那些投几千万、几个亿的都被骗了，他投的那些也就不算什么了。

二、命理骗局

在改革开放初期，赶上了时代机遇而莫名其妙致富的一些人，他们对命运深信不疑，不断地寻找各种能够“积功德”的方式。冥冥之中不可言说的风水命理成为他们灵魂的归宿。针对这些人的这一心理，凭借命理本身的玄幻，一些“伪大师”屡屡得手，赚得盆满钵满。

三、医疗骗局

医疗骗局主要是看中了高净值人群对于健康和疾病的重视，他们通常会包装一些国外所谓“高精尖”的产品和技术，或者用成本低廉的保健品宣称是疗效显著的神药，骗取高净值人群花费高价来购买。通常越与健康有关的事，利润空间越大，人们会因为对健康和长寿的渴望，而丧失理智并为此而买单。

在一般人看来，骗子们的骗术其实并不高明，骗子之所以能行骗成功，往往是因为骗子本身就是高净值人士，或是长期混迹在高净值人群圈子里的伪高净值人士。他们清楚高净值人士对同一圈子里的人一般不会设防，懂得放长线钓大鱼，先融入圈子，获得高净值人士的信任，再投其所好，骗其钱财。骗子们深知，习惯了“闷声发大财”的人，多半也会“打碎了牙往肚子里咽”。毕竟，被骗这样的事情，多少会让人觉得丢面子。

第七节　婚姻危机

巴菲特说：“人生中最重要的决定是选择跟什么样的人结婚。在这件事上，如果你做错了选择，那么你将损失惨重。”

微软创始人比尔·盖茨在接受杨澜采访时曾被问道：“你一生中最聪明的决定是创建微软，还是创立慈善基金会？”比尔·盖茨回答道：“都不是，我一生中最聪明的决定是找到了合适的人结婚。”

婚姻是个人的，但对于上市公司和准上市公司的经营者、控股人来说，他们的婚姻又不仅仅是个人的，而是与万千投资人和投资机构息息相关。他们的婚姻比普通人要复杂得多。发生在他们身上的婚变，会给公司的股份和市值造成一定的影响。所以他们中的大多数人不会轻易选择离婚，可如果真到了覆水难收的地步，也就不得不作出离婚的选择。在办理离婚、分割巨额财富的同时，一场没有硝烟的战争也就此展开。

第八节　其他危机

在中国人的观念里，提前安排身后事是不吉利的行为。可天有不测风云，人有旦夕祸福，危机不会因我们的意愿而绕路而行。

对于危机，可怕的不是危机本身，而是人们缺乏对于危机的正确认知，没有应对危机的备选方案，导致危机变大，产生危机循环。优秀的企业家都具备很强的危机意识。在《华为的冬天》一文中，任正非强调："十年来，我天天思考的全都是失败，我对成功视而不见，也没有什么荣誉感、自豪感，都是危机感。也许正是因为这样，华为才存活了十年。"百度的李彦宏也曾提出"百度离破产永远只剩30天"的口号。

万通实业股份有限公司董事长冯仑曾在他的《野蛮生长》中这样写道：“民营企业的领导者应该深刻地理解死亡，不要回避这件事，在活着的时候，作好公司的安排，也作好个人身后事的安排。

作为一个领导者，每天都要有危机意识，要清楚地知道自己快不行的时候谁会来救你。只有每天不断把这个问题想好，才能够给自己的企业架设一个安全的通途。”

高净值人群无疑是被命运眷顾的一群人，他们把握住了中国经济高速增长的大好时机，懂得如何抓住机遇。可正所谓“三十年河东，三十年河西”，风水总是轮流转，谁也不可能天天走好运。危机不会常有，可一旦危机到来，若是应对不当的话，对个人和企业的打击很有可能是致命的。所以，对于拥有大量财富的高净值人群而言，应该具有一定的危机意识，只有这样，在面对突如其来的变化时，心理上才能有所准备。即使不能把危机彻底清除，至少也可以把危害降低一些，为自己留一条退路，也是为日后的翻身打下基础。留得青山在，不怕没柴烧。只有活着，才有一切。

6
CHAPTER

高净值人群的财富管理

你可能在不懂金融体系的情况下变得很有钱。但是，如果你已经很有钱了，还不懂金融，你的钱就会离开你。

——罗伯特·默顿

第一节　高净值人群的财富观

任何人对于财富的需求都离不开以下四点：赚钱、花钱、存钱、传钱。和大众阶层相比，高净值人群无疑找到了更好的赚钱方式，但所谓的有钱，其实只不过是一个相对的概念，人们对财富的需求是无限的，千万富翁希望资产奔亿，亿万富翁希望资产能达几十亿。这种对财富的无限向往其实并不只是对财富本身的追求，它已然成为一种生命不息、奋斗不止的行为惯性，与人性的本能和欲望一样在持续运转。

波士顿咨询、贝恩等咨询公司与中国财富管理机构联合发布的报告显示，中国高净值家庭的数量在 160 万 ~210 万户，而根据各大商业银行、私人银行和排名前列的财富管理公司的公开数据来看，它们的高净值客户数量都是在几万户的量级，而这些机构的高净值客户全部加起来，也只不过几十万户而已。由此我们可以发现，很多高净值人士没有成为金融机构的客户，他们的钱大都用于存款、投资实业或买房，而没有被用在金融机构针对高净值人群配置的私募基金、信托、大额保单当中。为什么一些高净值人士不选择金融机构帮他们打理资产？笔者想，这主要是由于双方认知不对等而造成的结果。

与从事金融行业的人和同行们聊天时会发现，虽然银行、证券、保险、基金、期货都属金融领域，但他们也不可能对每一种投资品都有所了解。对于行业内的人来说，他们大概会明白这些投资品的属性，圈子里也会有固定的交流语言和方式。可对于大部分高净值人士来说，他们的主业并非金融，他们对金融专业的了解并不多，对财富管理的理念比较局限和个人化。

由于缺乏金融方面的知识，高净值人群不了解金融投资的本质，也无法选择合适的金融产品，由此便会导致资源的浪费，一些好的投资品得不到高净值人群的认可，却被很多民间不正规的机构割了韭菜。

与不投资相比，错误投资的后果可能会更为严重。被乱投资和伪投资的机构骗了之后，人很有可能就会失去继续投资的信心。

一、高净值人士都是合格的投资人吗

中国证监会对于私募基金的合格投资者的认定标准是，具备相应风险识别能力和风险承担能力，投资于单只私募基金的金额不低于 100 万元且符合下列相关标准之一的单位和个人：净资产不低于 1000 万元的单位；金融资产（包括银行存款、股票、债券、基金份额、资产管理计划、银行理财产品、信托计划、保险产品等）不低于 300 万元，或者最近 3 年个人年均收入不低于 50 万元的个人。

每一位投资人在签订基金合同的时候，都进行过合格投资人的评估。高净值人群虽然普遍具备承受风险的资金，但他们并非普遍具有承受风险的能力。只有了解投资风险，享受赚钱的喜悦，也能承担亏损的后果，才可称得上是合格的投资人。换言之，高净值人群其实并不是合格投资人的代名词。

近几年是私募股权基金的集中兑付期，由于不少基金产品都是赶在经济上行周期进入市场，下行周期退出市场，因此出现了亏损。归根结底，金融产品的收益无非是投资周期中的风险定价。普通投资者变成合格投资人，是需要经历这样一个完整周期的历练的。他们不只需要市场的教育，更需要面对和承担风险，在面临资金亏损的时候很多人都会无法接受，只有经历了教训才能体会投资的真正意义。

当然，在目前的财富管理行业有一种非常普遍的情况，就是金融机构的客户经理们对产品风险的认识并不充分，好像卖菜一样，只说好的，不讲差的。曾几何时，大部分理财经理在第一次销售长期的股权产品时，只看管理人的过往业绩，并大肆宣传，甚至误导客户以为这是固定收益，面对动辄一百多页的合同里的风险揭示视而不见，堂而皇之地变成了客户经理的友情提示。面对产品兑付时的一地鸡毛，有人义愤填膺地去理论，有人打碎了牙往肚子里咽，但无论怎样，钱财终究是回不来了。

二、定制化的财富管理服务是高净值人群的刚需

2014 年，笔者采访了当时已 80 岁高龄的经济学泰斗级人物茅于轼先生。笔者问茅老："您觉得金融是什么？"笔者当时做好洗耳恭听的准备，没想到茅老只说了一句让笔者受益终身的关于金融的解释，"金融就是把没有用的钱放到有用的地方，这中间不需要建厂房，不产生劳动，钱尽其用就是金融要做的事"。

资金量决定了财富管理中产品选择的时间和空间。钱多，自然可以在大类资产配置中游刃有余地进行搭配。根据金融机构的数据，高净值人群偏爱的大类资产配置产品包括银行大额存单、理财产品、信托、私募基金、股权、保险，以及全球化多币种等。人到不了的地方，钱可以到。随着高净值人群视野和活动范围的扩大，投资全球优质资

产也成了高净值人群热衷的投资方向。

无论是股票价格的上涨，还是房地产价格的上涨，金融资产规模的快速扩张所带来的收益，主要还是由少数人获得。能够参与虚拟经济和虚拟资本投资和积累的人，绝大多数都是那些有能力获得信用资源（包括各种银行贷款、基金、债券、股票）的人。

高净值人群的财富管理不只包含金融投资。财富管理其实是一个系统化的工程，每个人的财富规划，无疑都是人生规划中的一部分。预期是什么？能承受的风险有多大？希望实现什么目的？KYC 中所涉及的问题都直指内心，在帮助高净值人士梳理自己人生规划的同时，也帮助他们合理安排自己的财富规划。

在财富管理中，管的是资产，但服务的却是一个个有血有肉的人。正所谓世界上没有两片完全相同的树叶，也没有完全相同的两个人。财富管理是一个动态的管理过程。很多高净值家庭情况非常复杂，“同家不同籍”的情况也常常能遇到。孩子已获得了外籍身份，而父母还保留着中国国籍，因此在进行财富管理时，身份规划也要考虑。综合多种因素去考虑、比较不同财富工具所需的成本以及所能达到的效果，才可建立一个最为经济高效的财富管理系统。

在经历了财富管理野蛮生长的阶段后，高净值人群也变得更加理性和成熟，期望拥有更加个性化的财富管理服务是他们的诉求。在高净值人群的眼里，创富是一个持续不断的动作，而管理财富和创造财富一样，是需要专业知识与经验的。

三、高净值人群的财富管理特点

对于白手起家的高净值人士来说，他们的财富管理方式主要依靠自己的判断，路径依赖严重。他们对风险极其厌恶，在资产配置中只有一小部分属于高风险配置。他们更倾向于与实业相关的投资。他们期待资产的稳定保值和增值，却没有对风险的识别能力以及承受能力，特别是对于一些净值型产品和股权类产品，其预见亏损和面对亏损时的心态是不同的，所以不要高估他们的风险承受能力。

然而，对于另一类的高净值人群来说，由于财富的快速累积，他们有时会对自己财富的真实性产生怀疑，会变得非常没有安全感。他们一边继续拼命奔跑赚钱，一边也会做资产规划的准备，配置很多的保险产品，或是为年龄尚小的子女搭建家族信托架构。他们迅速累积的财富并没有为他们留有充裕的时间去思考该如何规划财富，只能迅速作出思考和决断。

四、按照财富管理的参与程度划分高净值人群

按照财富管理的参与程度，可将高净值人群划分为以下四个类型：

1. 甩手掌柜型

这一类高净值人士一般不会介入理财的过程，他们希望把全部的理财活动都交由金融机构的理财顾问负责。他们会选择大品牌的金融机构，希望能享受到优质的客户服务，拥有可靠尽职的专业顾问，能简单有效地解决他们的理财疑难问题。

2. 积极参与型

这一类型的高净值人士视投资为业余爱好，喜欢与他们的理财顾问一起管理资产。他们会接触很多金融机构和金融产品，并对其有自己的逻辑判断。所谓视投资为业余爱好，是指他们愿意发表自己对金融产品的看法和意见，有自己的观点，但不一定专业。他们会在与理财顾问交流的过程中确定自己的选择，落实投资决策。

3. 主动选择型

相对于积极参与型的业余高净值投资人士，主动选择型的高净值投资人拥有更丰富的投资经历，能明确地判断出产品和项目的优劣，也知道适合自己的投资产品到底是什么。这些在金融服务上非常老练的投资人会主动挑选产品和所需要的金融服务，愿意选择服务意识强的理财顾问。

4. 专属定制型

专属定制型高净值人士一般对投资的期望值很高，会向金融机构提出苛刻的要求。他们会要求机构有超一流水准，能处理复杂性事务，能提供优质稀缺的产品，有便捷的网络化和智能化服务，能把复杂的事情通过最简单的方式呈现并解决。

第二节　高净值人群对不同金融机构的需求

一、私人银行——以存贷为基础的资源整合平台

私人银行（简称“私行”）起源于16世纪的瑞士日内瓦，与专门向贵族和富裕阶层提供的私密性极强的金融服务有着密切关系。一种普遍的说法认为，法国一些经商的贵族由于宗教信仰原因被驱逐出境，他们因在国内遭到排挤，于是来到了奉行和平中立政治政策的瑞士。这些法国贵族与法国及欧洲其他国家的高官巨贾们有着千丝万缕的关系，凭借这一优势，他们便开展起了私人银行业务。由于当时的瑞士已经具备了比较完善的法律制度和社会信用体系，吸引了其他国家越来越多的富裕人群将他们的财富交由瑞士的银行来管理。由此，真正意义上的私人银行在

瑞士诞生。欧洲的皇室、高官等上层人士也随即开始享受这种私密性很强的金融服务。

中国的私人银行业务起步较晚。2007 年 3 月 28 日，中国银行在北京成立了第一家私人银行部，开启了国内私人银行业务先河，2007 年也因此被称为国内私人银行的元年。

国内领先的私人银行以万分之五的客户数贡献 20%~25% 的零售管理资产。同时，私人银行管理资产的增速近几年普遍是整体零售管理资产的 2 倍以上。抓住私行客户，就等同于抓住了财富管理业务的皇冠。

私人银行是最容易识别高净值人群的机构。无论是个人户还是企业户，其资金规模、流水状况在银行系统里都显示得一清二楚。当客户在银行中的存款达到一定数额后，便会被银行系统自动升级为私人银行客户。随之升级的是银行对于该客户一系列的配置服务——客户将会获得一张尊享卡片；客户驱车到达银行后，可以通过地库专属电梯直接到达私人银行中心。从事媒体工作时，笔者走遍了中行、建行、工行、招行等银行的私人银行，这些私行内部的装修都非常考究，欧式、中式、美式风格应有尽有。

私行一般会安排专属的团队为高净值人士服务。例如招商银行是“1+1+N”服务模式：第一个“1”是指高级私人银行客户经理，第二个“1”是指总行投资组合管理经理，“N”则是指投资、财务、税务、法律等专家团队；建设银行是“4+2”服务模式，即 1 名财富中心客户经理，1

名财富中心财富顾问，1名财富中心客户经理助理，1支由其他领域专家组成的团队，外加1名公司业务客户经理和1支由网点客户经理组成的专业团队。

私人银行作为高净值人群的入门选择，一直处于财富管理领域中的领衔地位，从“卖产品”到“卖组合”，再到全权委托式的资产管理模式，一对多的私人银行管家模式逐渐成熟和规范。中资私人银行凭借在国内市场多年的深耕，在私人银行业务上独占先机。然而，随着高净值人群眼界及需求的不断提升，以及财富管理行业的全面发展，私人银行领域的竞争也越来越激烈。如何在资管新规下，向喜欢固收、风险偏好低的私行客户们推荐净值型产品；如何挖掘产品创新上的差异化优势，以及克服全球化专业金融服务能力的短板，抢占更多的市场份额，将成为中资私人银行亟待解决的重要课题。

私人银行不仅会为客户挑选出最优质的产品，还会为客户提供一些非金融服务。例如他们会帮客户解决在移民、留学、法律、税务等方面的问题。

私人银行在众多服务高净值客户的机构中是最具经验的，拥有完善的增值服务体系。他们会为客户提供全国范围内的机场、高铁的贵宾厅服务，医疗救援的绿色通道服务等。

除了以上提到的那些锦上添花的增值服务外，私人银行的存贷款业务以及优秀的资源整合能力，可为客户解决在融资方面的燃眉之急。

二、券商——主动管理型大类资产配置平台

券商进军财富管理是近几年的事。在此之前，通过证券经纪业务赚取的佣金是券商主要的收入来源。近年来，非现场交易成了证券交易的新趋势，导致交易佣金不断下降，从千分之几到万分之几，这也在一定程度上加速了券商的转型。

随着券商转型财富管理思路的深入人心，投资顾问对挖掘客户深层需求的意识也在逐渐增强。一次，笔者在采访一位投资顾问时，他向笔者分享了一个案例：一位客户询问一位投资顾问对后市的研判。该投资顾问综合了总部的投研报告，进而根据客户的风险偏好，可承受的最大回撤等，对该客户进行评测。评测后，投资顾问为客户拟定了一个综合性的大类资产配置方案。由于这位投资顾问完全站在客户的角度，为客户提供了量体裁衣式的资产配置服务，最终他取得了客户的认可和信任。

强大的投研能力是券商对高净值人群财富管理的核心优势。投资顾问对行业的深入研究，会影响高净值客户对实业投资和金融投资的判断。

在券商工作的投资顾问，都被股民亲切地称为老师，他们常常在线上和线下分享自己的观点。一些资深的投资顾问，甚至被一些股民奉为神一样的人物。上涨和下跌都

是概率性事件，但总有一些投资顾问的判断是精准的。

券商服务高净值人群的优势在于他们因投行业务经常要与上市公司和准上市公司打交道，这当中无疑蕴藏着巨大的“宝藏”。对上市公司和准上市公司所需的资产证券化、资产增值，以及直接融资等，券商都能够提供专业顾问服务。此外，上市公司的董事、监事、高级管理人员等，大多都是标准的高净值人士。通过与上市公司的业务往来而发展出的个人财富管理服务，对券商来说是一个非常大的市场。

券商的通道平台优势，可帮助高净值人士选取适合的私募基金。私募的准入需要门槛，且交易数据掌握在券商后台，通过真实、实时的交易数据，券商更容易判断私募基金的稳定性，并筛选出与客户风险偏好和投资风格匹配的私募基金产品。

笔者曾和很多私募基金管理人进行过交流，他们一致认为，募资最好的渠道便是银行和券商。券商客户对于二级市场产品的接受和理解程度会更高。在众多销售私募基金产品的平台里，券商定量的大数据报告，对高净值客户来说会更有说服力。

券商对于高净值客户群体的整体财富管理体系并不完善。如何挖掘高净值客户更多的需求，并建立符合财富管理转型的制度和人才梯队，对券商来说是十分关键的。

券商业务本身有着“看天吃饭”的特点，如何在“牛短熊长”的中、弱势行情下，依旧保持与客户的黏性，这就要求投资顾问不仅要有过硬的专业能力，还要在服务能力上多下功夫。

三、保险——以保障为基础的多重防护墙

在前几章中，我们提到了高净值人群的需求和痛点，介绍了他们对于健康和危机的关注，以及他们如何利用保险这一金融工具来减轻自身的困扰。保险圈中流传这样一句话：保险不是要改变你的生活，而是要确保你的生活不被改变。

1. 高端医疗保险

普通社保只报销基础的医疗费用，一些进口药的药费以及一些特殊的医疗服务费用只有通过商业保险才可报销。普通人没钱买商业保险，一旦患了重大疾病，可能就需要变卖家产或是向亲朋好友借钱来治病，令原本就不富裕的家庭雪上加霜。然而，对于高净值人群来说，他们完全有能力支付自己和家人生病时的医疗费用。按理说他们没有必要购买商业保险，但为什么不少高净值人士仍会选择购买高端医疗保险呢？

顶级的医疗资源并非花钱就能享受到的。看什么病？在哪家医院看？看哪个医生最合适？都会让深陷疾病困扰的高净值人士及其家人变得慌张无措，家人间产生分歧、

矛盾，病急乱投医，有钱也花不到对的地方。高端医疗保险就是用来帮助他们解决这种困扰的一种商业保险。高净值人群可以根据自己的活动范围或者医疗需求，选择国内或国外的医疗保险。他们一方面通过保险撬动资金杠杆，另一方面，他们通过调动保险公司背后强大的医疗和服务资源，预约到顶尖的医院和医生。对于高净值人群来说，购买高端医疗险就相当于拥有了可预约到各家医院门诊的VIP 通行证。

国内的高端医疗险可为客户提供国内众多医院的绿色预约通道，保障范围也非常广泛。例如体检、打疫苗、看牙医等都在其保障范围内，且多数医疗项目都是零免赔。当被保险人产生在保障范围内的合理医疗费用时，保险公司会即刻支付医疗费用，无需被保险人先行垫付。且被保险人就医的医院不限，被保险人可选择私立医院，甚至一些国外的医院进行治疗。但可选的国外医院相对较少，且保额也相对较低。

2. 保单贷款

一般来说，趸交保费会占用大量的资金。目前，大部分具有保单现金价值且现金价值稳定的人寿保险、分红型保险以及养老保险等都有保单贷款的功能。

香港的万能寿险，根据投保人的年龄及健康状况的不同，可将保额做到保费的 3 到 5 倍不等。如果客户趸交 500

万元，按照保额上限计算，客户可得到1500万元的赔付金。寿险相对其他类型的保险来说，它的现金价值很高，一般都在保费的90%左右。保单生效后，投保人即可通过保险公司或者银行进行保费融资或保单贷款，贷款额度可达到保费的76%~80%。由于保单本身就有收益，在正常情况下，利率和分红可以相抵，或者略有盈余。那么这笔相当于没有利息的资金，可拿来进行再投资，或者是在投保人需要钱的紧要关头拿来应急。这种操作，无疑是一举多得的资产配置方案。

保险是高净值人群资产配置中必不可少的金融工具。相对其他金融工具的财富增值功能，保险的职责是实现高净值人群的守富和传富。

在所有的家庭资产配置中，最基础的就是保险配置。如果没有保险，无论资产配置架构当中有多少存款和投资，它都是不完整的，因为风险会让没有底层地基的顶层设计一夜坍塌。尤其对于高净值人群来说，这无疑将会是一场灾难。

四、信托——从信托基金到家族信托

家族信托最早出现在长达25年的经济繁荣期（1982—2007年）后的美国。委托人一旦把资产委托给信托公司持有，该资产的所有权就不再归他本人，但相应的收益依然会根据他的意愿进行分配。

2012年9月，一位年过40岁的深圳企业家与平安信托签署了一份家族信托计划，这是平安信托在国内发行的第一单家族信托，由此拉开了家族信托在中国发展的序幕。

1. 信托基金 VS 家族信托

在中国，传统意义上的信托指的是信托投资基金，即集合不特定投资者的资金，委托专家代为投资，以减少投资风险，共享投资收益，实际上是一种理财。

信托基金产品是高净值人群最喜欢的投资品类之一，属于收益率相对较高的产品。高净值客户可以通过银行渠道和信托公司直接购买，但随着资管新规的落地，信托也迎来了打破刚性兑付的行业变革。与此同时，对于信托公司而言，传统业务正面临着市场机会减少、业务风险增大的困局。所以近年来，信托机构正在大踏步地向以家族信托为代表的大财富管理方向布局。

家族信托是指信托公司接受个人或家庭的委托，以家庭财富的保护、传承和管理为主要目的，提供财产规划、风险隔离、资产配置等定制化金融服务的财富管理方式。

不同于商业信托的理财产品，家族信托告别了“我的资产我持有”，而转为“我的资产由法律框架持有”。其优势在于：自然人的生命是有限的，而信托是一个法律框架，无法消亡，因此它可以长久地延续下去。

如果说金融是工具，那么家族信托就是工具箱，高净值人士可将金融资产和非金融资产全部装进工具箱里。高净值人士如果遇到财产分割、意外死亡或被人追债等情况，工具箱里的资产都将独立存在，不受影响。家族信托能够更好地帮助超高净值人士规划“财富传承”方案，避免资产受到侵害或分割。家族信托随着中国高净值人群的崛起而在中国兴起，随着“富二代”的接班而被推上热点。

2. 离岸信托受到超高净值人士青睐

除了国内信托，高净值人士因身份规划或是公司在境外上市等原因，也会考虑在国外设置信托。离岸家族信托一般是指非离岸管辖区居民的委托人在离岸管辖区设立的家族信托。目前，主要离岸地包括英属维尔京群岛、开曼群岛、百慕大群岛、库克群岛、塞浦路斯、新加坡、新西兰等。

从离岸家族信托架构设计上来看，比较经典的模式是通过离岸上市公司直接或间接控制国内及海外资产，再通过家族信托间接控制离岸公司。

很多企业家选择让他们的企业在境外上市，家族信托持有境外上市公司的股权。马云持有阿里巴巴的方式，除总持股的 0.2% 为个人直接持股外，其余 99.8% 都是通过海外实体机构持有，比如离岸家族信托、海外慈善基金会、开曼控股公司等。京东创始人刘强东通过位于英属的维尔京群岛的离岸公司 Max Smart Limited 持有京东股票，且刘强东为信托唯一股东并享有收益权。除了上述的两位，还有很多超高净值人士的资产也都在家族信托当中，他们真正做到了身无分文，却富甲天下。

离岸信托之所以受到超高净值人群的青睐，一是因为境外对遗产税、房产税等财富传承方面的法律制度较为完善，家族信托的风险隔离、资产隔离特性在这种情况下更能发挥作用；二是由于境外一些大信托公司在信托管理方面经验丰富，能提供相对较好的服务。

五、家族办公室——专属的私人定制管家

家族办公室（简称“家办”）最早起源于古罗马时期的家族主管（Domus）制度。现代意义上的家族办公室出现于19世纪中叶，一些抓住产业革命机会的大亨将金融专家、法律专家和财务专家联合起来，研究如何管理和保护自己家族的财富和商业利益。由此便出现了只为一个家族服务的单一家族办公室（Single Family Office，SFO）。

1882年，约翰·戴维森·洛克菲勒（John Davison Rockefeller）建立了世界上第一个家族办公室。家族办公室虽然在国外历史悠久，但在中国却起步很晚，2013年才是中国家族办公室元年。

1. 单一家族办公室

单一家族办公室的客户群体都以超高净值人士为主，

他们大部分都是位列于富豪榜上的人物。

马云和蔡崇信的家族办公室以投资公司的形式存在，投资主体是蓝池资本（Blue Pool Capital），总部设在香港中环交易广场。《财新周刊》一篇文章曾这样描述："这家公司的员工总数不足十人，却管理着高达数十亿美元的资产；办公室门面简洁，装潢低调。网站上只有一个醒目的登录窗口，上面显示输入用户名和密码。"

在中国，很多家族办公室是以投资咨询公司等名义在低调运行着的。这其中有内嵌于企业的投资部门，也有独立的投资公司，他们遵从实际控制人的指令，协助家族成员从事事务管理、健康管理和财富管理的工作。

我国的家族办公室目前还处于起步阶段，业务模式尚不成熟，国际上的成熟模式都很难在我国落地。单一家族办公室也不会轻易公开自己的业务模式给同行作参考。况且，每个家族的情况都各有不同，导致标准化方案很难实现。总体上来说，中国家族办公室行业还有很长的一段路要走。

2. 金融机构中的内嵌式家族办公室

为了更好地满足超高净值客户的需求而创办的家族办公室，各大银行、投行、券商、信托、以及第三方财富管理机构等，都成立了家族办公室部门。

金融机构根据客户的资金规模筛选出准家族办公室客

户，要求客户的可投金融资产规模在1000万以上。他们通过推荐信托及定制化金融产品的方式为客户服务。

3. 联合家族办公室

国内的联合家族办公室大致可以分为两类：

第一类，综合家族办公室。

综合家族办公室是目前市场上最为活跃、数量最多的家族办公室存在形式。综合家族办公室的合伙创始人大都由金融理财师、律师、财税师、移民规划师等专业人士组成。有一些综合家族办公室专注于高净值人群的海外资产配置，团队创始人大多拥有海外留学和工作的背景，或是在外资银行、投行或其他家族办公室工作的经验，熟悉境外金融产品、离岸信托的架构搭建，以及海外留学、置业等相关事宜，专注服务客户的境外资产打理，也为超高净值客户公司的境外上市提供咨询服务。还有一些专注于移民、留学、子女教育或者婚姻法律咨询的家族办公室。这类家族办公室一般是靠单一业务起家，后来为了满足客户的多方面需求，转型为提供一条龙服务的综合家族办公室。

第二类，咨询型家族办公室。

咨询型家族办公室要充分了解家族客户的需求，为家族客户拟定各种有针对性的解决方案。有些咨询型家族办公室渗透到家族企业管理中，长期为家族客户服务，如同家人一般，陪伴客户的成长，为其筹谋划策。

目前，国内的咨询型家族办公室的服务内容包括建立家族传承架构，制定家族财富规划、二代教育规划，梳理家族文化等。他们代表家族客户去对接不同的金融机构，为其筛选更好的理财产品和理财服务，辅助家族客户作出决策。

家族办公室的核心业务是基于客户本身而开展的定制化服务。即深度解读客户的核心需求，然后用金融和非金融的手段帮助客户解决问题。家族办公室的核心价值是以提升家族价值为目的，能够为家族客户拟定个性化的理财方案，帮他们处理一些复杂的事务，同时为他们节省更多的时间。

合格的家族办公室从业者应能做到以下三点：①综合能力强于专业能力。家族办公室的从业者未必样样精通，但涉猎必须广泛，具备跨国家、跨专业的资源整合能力和高效的沟通能力。②解决问题的能力要强。家族办公室的从业者服务的对象是超高净值人群，无论是帮客户做资产配置，还是帮客户处理家事，客户的大事小事都是重要的事，都需要从业者有超强的解决问题的能力。什么能做，什么不能做，底线在哪里，都要心中有数，拿捏得当。③悟性和职业素养要高。超高净值客户的家庭关系和财富分布都非常复杂，很多东西只可意会不可言传，这也就要求从业者具备较高的悟性和职业素养。

中国式家族办公室正处于野蛮生长时期，行业标准尚未建立，做得好与坏还很难验证。同时，行业人才的缺失也是当下亟待解决的问题。如何实现人才梯队的建设和培养以适应家族办公室的特殊需求？除了传统金融机构的内嵌式家族办公室部门之外，民营的家族办公室到底受谁监管？家族办公室到底应属于金融业还是咨询业？行业自律组织和公约是否成型？这些都将是家族办公室行业所面临的问题与挑战。

六、三方财富管理——拥有更多选择的金融超市

2007 年，诺亚财富获得美国著名风险投资基金红杉资本的注资，并于 2010 年 11 月 10 日在美国纽约证券交易所上市，从此拉开了中国三方财富管理的序幕。

过去 10 年，三方财富管理机构（简称“三方”）可谓群雄逐鹿。根据创始人团队和背景的不同，三方被分为四大派系：以诺亚、钜派等为代表的资管系；以中植集团旗下的新湖、大唐、恒天、高晟等为代表的信托系；以宜信、恒昌等为代表的 P2P 系；以私募排排网、金斧子等为代表的互联网线上销售系。

三方财富管理机构之所以可以脱颖而出，在高净值人群财富管理领域分得一杯羹，究其原因有以下三点：

首先，产品的差异性。三方财富管理机构可以提供更加多元化的产品和更为灵活的服务。

其次，从银行跳槽到三方的理财师，其客户转化率普

遍较高。传统银行重规模和效益，受人才团队的限制，追求标准化的固定模式，使得高净值人士的财富管理需求和服务供给不平衡。这也是当前私行户均管理资产难以突破3000万元的原因所在。

最后，三方财富管理机构大都属于民营企业，步子更大，也更灵活。银行的私人银行的客户都是银行分配的，理财经理拥有服务意识，但主动开发力不足。三方的理财师则需要独立拓展客户资源，要把客户从银行分流出来，自然要拿出看家的本领才能让客户认同。三方的理财师在先期的市场拓展、客户关系维护方面舍得下功夫。

三方财富管理机构的弊端主要体现在以下四个方面：

第一，风控能力。

近两年，随着众多中小三方的倒闭，头部三方也被曝出多只基金踩雷、基金遭维权风波等情况。三方所面临的资管能力、风控能力和抗击风险的能力还有待提高。

第二，监管政策。

基金销售新规、资产新规的出台使三方财富管理面临洗牌。小平台拿不到好资源，留不住人，获客成本高，资源更多地向头部集中，面临着逐渐被淘汰的危机。

第三，从业者。

在财富管理领域中，三方销售的难度最大，因为三方所涉及的产品领域多，从业者需要学习和了解的知识也多。

第四，代销机构。

不同的产品对接不同的机构和服务人员。基金、信托、国内保险、海外保险、移民、留学，在产品流程和服务流程上，三方不如保险和基金等单一业务的机构顺畅。行业变化、考核严苛导致的人员流动速度快等问题，容易造成客户的不安。

1. 互联网三方财富管理机构——科技驱动的先行者

在研究如何服务高净值人群的金融机构当中，不能忽视的一股力量就是互联网第三方财富管理机构。该机构以互联网流量为入口，以线下网点为依托，为高净值客户提供服务。

私募排排网，作为互联网财富管理机构的代表企业，打造私募基金的一站式服务平台，业务聚焦私募行业热点。格上财富运营的几个自媒体公众号，主要发布财经、投资相关的文章，粉丝人数超过百万，通过垂直内容打造品牌影响力和线上客户转化。好买财富以基金研究为切入口，为高净值客户提供全方位的资产配置服务。而后起之秀金斧子，则依托互联网搜索，以及在VC数据领域的优势，快速融资、快速发展，是一个纯粹由互联网驱动的财富管理机构。

这些平台的互联网属性表现在利用互联网推送来获客。当客户线上搜索私募基金或者百万理财的时候，网络就会推送这些平台的信息。由于监管要求，用户需要填写个人真实信息才可查看具体的私募产品详情。注册后，客服人员会来电，确认客户是金融从业者，还是投资者；是否投过私募基金。在经过初步沟通，确认了客户的需求之后，再分配销售人员来对接。一部分客户会选择直接在线交易，而另一部分客户则会由一位线下理财顾问对其进行跟踪服务。这一系列动作本身也是对高净值客户筛选的过程，实现线上用户到线下客户的转变。

2. 金融科技对财富管理行业的赋能

为了更加深入地了解金融科技对财富管理行业的赋能，笔者走访了深圳金证科技股份有限公司。当年余额宝的系统运营就出自金证科技。那时谁都没有想到财富管理市场会如此火爆，但金证科技却嗅到了这股互联网风潮，并因此成立了子公司——金证财富。

金证财富副总经理姜春飞说：“在资产管理当中，通过对大数据的解读不仅提升了投资决策分析的效率，还在一定程度上增强了投资决策的胜率，提升了投资业绩。”

今日投资数据科技有限公司是一家专注于金融数据加工的机构。该公司最开始服务于券商，提供“分析师一致预期数据库”，后来又致力于财富管理行业的大类资产配置智能投资顾问服务。基于客户的风险测评、资产量，以及市场动态向客户提供资产配置建议。

今日投资副总裁陈智认为，智能投资顾问的模型具有广度，但不深入、不聚焦，更适合为大众客户服务。他们所服务的金融机构还没有单独为高净值客户提供特殊的资产配置模型。在陈智看来，理财经理可以参考智能投资顾问的方案，再为高净值客户提供定制化的解决方案。

高净值群体趋向年轻化，他们中的很多人都是与移动互联一起成长起来的。高净值客户对于产品服务的需求不会被人工智能的科技力量所取代，科技会使针对高净值客户的服务更加快捷便利，数据分析更加精准，风险匹配也更为精确。

过去 10 年，中国财富管理行业飞速发展，这一时期的刚性兑付、期限错配，造就了中国特色的固定收益产品。如今，经济环境、市场政策都发生了改变，金融机构的营销方式和发展重心也随之改变。未来净值化产品将成为市场的主流，银行设立理财子公司，券商大举进军财富管理，信托打破刚兑……混业经营将成为新的行业发展趋势。

变化的是行业发展趋势，不变的是高净值人群的痛点。财富管理要在不同金融机构体制要求的范围内实现高净值人群的最佳体验感，在产品导向和客户导向之间找到平衡，在标准化和定制化之间找到平衡，在机构考核和客户实际需求之间找到平衡。不同的机构需要找到自己的核心竞争力，才能够发挥优势，扬长避短。同时，高净值人群只有对不同金融机构属性有更多的认知和了解，才能根据自己的投资风格和风险偏好，找到最适合自己的财富管理模式。

第三节　学会驾驭，才能守住财富

《100 倍超级强势股》的作者斯泰恩在书中这样说道：即便世界上顶级的交易大师也会有几次失败的经历。俗话说，正规教育教你谋生，自我教育帮你发财。对于这些顶尖的交易者而言，财富的巨幅缩水就是一种宝贵的自我教育。

这是一个不缺钱的时代，全民理财让大家认识到只有通过投资才有机会奔向财富自由。可是，投资是稳赚不赔的吗？投资会比银行存款获得更高的收益吗？

有些人听信所谓的可靠消息买股票，被朋友拉去投项目、买产品，却很少去关心和了解自己究竟买了什么以及钱投到了哪里。人们总是期望能买到风险低、收益高、流动性又好的投资产品，这就好比在职场里，有人想要寻找一份工作清闲、离家近，又高薪的工作一样荒唐。

没有人无所不知、无所不能，只是有些人谦卑，善于不断学习，懂得未雨绸缪，知进退、懂取舍。正如著名的投资大师肯·费雪说："质疑自己并非易事，这是我们做过的最艰难、最不情愿的事情。发现自己的错误会令我们感到羞耻和痛苦。在数千年的进化过程中，人类为了避免陷入这种感觉，作出过无数次非常规和非理性的努力。"

人越是成功，就越难放下成功。持续的成功其实是对人性的巨大考验。

朋友圈里的金融从业者都在分享这样一段话："你永远赚不到超出你认知范围的钱，除非你靠运气。但是靠运气赚到的钱，最后往往又会靠"实力"亏掉，这是一种必然。你所赚的每一分钱，都是你对这个世界认知的变现，你所亏的每一分钱，都是因为你对这个世界认知有所缺陷。这个世界最大的公平在于当一个人的财富大于自己认知的时候，这个社会有 100 种方法收割你的财富，直到你的认知和财富相匹配为止。"

如果你不知道你的财富怎么来的，那么你的财富迟早会离你而去。人只有学会驾驭财富，才能持续拥有财富。

7

CHAPTER

向高净值人群营销三法则

“功夫在诗外”，在任何一个领域，人只有拥有了专业以外的常识和认知，才能达到一定的高度。

在任何一个领域，无论是艺术创作、科研技术还是企业管理，人只有拥有了专业以外的常识和认知，才能达到一定的高度。针对高净值人群的营销，从业者只有具备了“功夫在诗外”的能力，才能与高净值人群站在一起，像他们一样思考。

第一节　细分客户人群

二八法则，也叫帕累托法则，这个神奇的法则告诉我们，在任何一个群体中，80% 的结果或产出，源自 20% 的原因或投入。该法则在金融行业当中同样适用：20% 的理财顾问完成了公司 80% 的业务；20% 的高净值客户贡献了 80% 的业绩。那么，作为理财顾问的你，该如何成为那

20% 的人？又该如何找到自己的那 20% 的高净值客户？

一、从梳理客户画像开始

文丽是某信托公司的资深理财顾问，她的高净值客户大多是医生。文丽因最初把金融产品卖给了一位妇产科医生，后来便做成了一群医生的生意。自此之后，她便开始聚焦私立医院妇产科医生这一群体，并归纳出他们的共同特点：收入高、女性多、工作忙。这群医生所服务的患者群体又大多都是具有家庭资产配置需求的人，因此很容易实现客户的转介绍。经分析后，文丽便开始常常为妇产科医生提供有关金融规划的意见，还在专门针对妇产科医生的杂志和公众号上，撰写一些关于财富管理方面的文章。

文丽的这些努力没有白费。很快她就成了“最懂”妇产科医生的理财顾问，能驾轻就熟地解决来自这个群体的理财需求。

深耕一个行业或细分一类客户群体，有助于形成规模效应，容易形成口碑传播，在把营销做深的基础上再做广，才能有的放矢，更好地复制成功经验。

二、不要忽视“我”的重要性

索菲亚是一位教育学博士，也是一位资深财富管理顾问，同时还是两个孩子的妈妈。在高学历人才云集的金融圈，索菲亚是如何根据自身的特点，对自己进行包装与定位的呢？

首先，索菲亚的身份属性是妈妈，因此，她先锁定了妈妈圈。妈妈们最关心什么？当然是孩子的教育。索菲亚是教育学博士，从专业性上讲，她具备了一定的优势。其次，索菲亚作为一名母亲，她和很多母亲一样，不仅要照顾孩子，还要掌控家庭收支、负责家庭理财。根据以上这些分析，索菲亚给自己设计的定位是：教育规划和家庭资产配置专家。从这一定位切入妈妈圈，索菲亚既具备了专业性，又与其他妈妈有了共同话题，从而在众多金融销售中脱颖而出。

选择适合自己的目标群体，走人少的那条路也能到达目的地。思考大于行动，不盲从，一旦选中，坚定前行。

三、细分营销策略和复盘

很多金融机构的从业者都喜欢用相同的营销战术，例如请客户吃饭、出游等，虽然这些方法会提升客户黏度，但效果却差强人意。作为理财顾问，只有对自己的客户进行细分之后，才会制定出更为精准有效的营销方案。此外，还要深入分析高净值客户参加某项活动的动机，以及在不同的场景下，向客户营销的原则。

第一，话题类活动。例如经济论坛、子女教育或者是中医养生等针对高净值群体的需求点和关注点而举办的主题活动。这类活动可以进行大范围邀约，因为话题本身就筛选出了感兴趣的人群。

第二，兴趣类活动。例如参加名庄酒品鉴、艺术展、名家音乐会等。这类活动可以邀约有相似爱好的高净值人群，建立与客户之间的互动和链接，还可以让客户带上亲朋好友，在轻松的氛围里更好地维护关系，同时还有助于交叉销售的产生。

第三，深度链接类活动。例如邀请客户出去旅行。客户与客户之间会产生密切的接触，对于这类活动，理财顾问应对客户的生活习惯有更深的了解，才可以更好地安排行程，避免客户产生不适的体验，影响活动效果。

一般来说，高净值人群的时间宝贵，不缺少参加优质活动的机会。如何让他们愿意参加你所安排的活动，除了要找准客户的关注点外，还应综合客户的身份、资产量级、家庭状况、个人禁忌等多方面因素，制定出最佳的活动方案，才能起到事半功倍的效果。此外，活动结束之后的复盘也相当关键。从客户的参与意愿、现场效果、体验反馈等方面，综合评估你的投入产出比。在反复验证的过程中，找到最佳的细分营销活动。

第二节　圈层带动效应

一、让高净值客户成为你的引荐人

《疯传：让你的产品、思想、行为像病毒一样入侵》一书的作者研究发现，超过 40% 的人谈论的话题都体现了他们的个人经验和私人关系。类似地，近乎一半的传言都是以自我为中心，包括人们正在完成或者发生在身边的事情。为什么人们谈论最多的是他们的态度和经验呢？哈佛学者研究发现，自由表达和披露信息对自己本身就是一种内在的奖励。共享个人观点能够取得与自己获得钱财和食物一样的大脑电波。

口碑传播不仅是分享，传播的过程也是树立个人影响力的过程，可以让被分享者感受到你的思考、判断和品位。

如果你希望获得高净值人群的传播，就需要先找到那些和他们身份和圈层匹配的谈资，结合与业务上的关联，自然就会得到他们的主动传播。

一位证券公司的销售冠军告诉笔者说，她的第一位高净值客户是她做地产中介时认识的，那位客户当年从福建来深圳闯荡，然后一路高歌猛进，迅速步入了新富阶层的行列。她一路见证了这位客户的发展，后来她转型入了金融圈，这位客户也一路跟随。长久相处下来，她用勤奋和坚持赢得了客户的认可，而这个客户也把身边的亲戚朋友、合作伙伴都介绍给她认识。口碑传播无疑是最好的信任背书，就这样，她拥有了一个高净值圈子。

二、价值交换和资源整合

高净值人群大多只聚焦某一个行业或领域，而服务高净值人群的理财顾问和理财机构背后拥有众多高净值客户，以客户的需求和生意为主轴的资源整合会形成强有力的赋能。在服务高净值客户的过程中，每一次额外的服务，都有可能令客户投入更多的时间和信任。据一项研究显示，只购买一种银行产品并与该银行维系 5 年及以上关系的客户大约占银行总客户量的 15%，购买两种银行产品并与该银行维系 5 年及以上关系的客户占总客户量的 45%，而购买三种银行产品并与该银行维系 5 年及以上关系的客户占总客户量的 80%。换言之，与客户链接的点越多，客户在一个系统上绑定的时间就越长，黏性就越大，投资顾问也就越有可能为高净值客户提供更多的服务。

很多从事金融销售的从业者本身就拥有顶级人脉，他们能够很好地调动自己的资源为客户服务，在一些稀缺的医疗和教育资源上帮助客户解决燃眉之急。也正因如此，他们才能链接到更多的高净值人群。

物以类聚，人以群分。高净值人士重视人脉的质量而非数量，很多长久的关系其实在初始阶段不会夹杂功利的商业目的，在与高净值人士交往的过程中，随着时间的推移和对彼此了解的加深，便可与之形成互惠互利的关系。找到高净值人群的共同属性，服务好这个圈层，才可实现引领和带动的跟随效应。

第三节　真诚赢得信任

如果说营销有秘诀的话，那一定是真诚。真诚，是一个很难量化的指标。人人都说要真诚，但真诚到底应如何展现呢？

一、真诚源自真心

徐静在国内的一家信托公司工作，记得领导第一次把客户引荐给见她时，那位客户非常抗拒，当下便反对说："你不具备我的信任，我是不会选择你作为我的顾问的。"当面的打击，让徐静无地自容的同时，也在积极寻找解决方案。徐静有个很好的习惯，她会定期给客户做投资报告，其中包含项目明细、资产配置图，以及净值报告等。她第一次做报告时，没有得到客户的认可，但她并未灰心，一直坚持，功夫不负有心人，两年后，她终于得到了客户的认可。后来，客户会主动告诉她自己的资金状况，让她推荐银行里合适的产品或项目给自己。

廖薇在国内某私人银行工作十余年，她的客户大部分是退休的叔叔阿姨们，他们不关心经济大势，对专业的金融产品和术语更是不懂。为了能更好地服务这类客户群体，她逐渐摸索到了和他们打交道的方式，其中最重要的一点，便是用他们能听得懂的语言与他们交流。她把这群客户当成家人看待，用热情体贴的态度帮助他们，十几年如一日，她用真心换来了客户们的信任。

一些理财顾问在服务高净值人群的过程中，会陷入一个怪圈——明明准备充足，全副武装上了战场，但效果却不佳。其实，武装本身就是盔甲，让人不安，产生戒备。服务客户的根本，其实就是以客户为本，如果像对待家人一样真心对待客户，赢得的也将是客户家人般的理解和关爱。人与人之间的信任靠的是点滴积累，有时慢反倒是快。

二、真诚源自专业

笔者接触过很多顶级金融销售顾问，发现他们大部分人不仅是产品研读能力强的专业能手，还是为人处世的高手。与他们相处，总会让人如沐春风。

世事洞察皆学问，人情练达即文章。所谓的专业，从另一个角度来说，未必只是对产品和财富管理的了解。调动一切所能调动的资源服务好客户，洞察客户的需求，感知客户的心理，也是一种专业能力的体现。

真诚是真心，是专业，也是做真实的自己。真诚是不拿客户的信任，当作自己敛财的工具，这是底线，更是生命线。只有有了真诚，才能赢得客户真正长久的信任。

8

CHAPTER

与高净值人群沟通三部曲

沟通是一门学问，它需要方法，但更需要真诚和用心。

第一节　沟通前的准备

一、自信的状态

高净值人士大都喜欢与优秀的人打交道，不愿意浪费时间与悲观者聊天。因此，自信是你看起来优秀的首要条件。当你在高净值客户面前自信地展现自己的优势和才华时，你良好的状态会让他们觉得安心。

二、建立你的主场

向高净值人群营销，并不意味着要穷追猛打、低声下气、谄媚奉承。高净值人士成为你的客户并不是因为你言听计从，而是因为你拥有让人信任的价值和解决问题的能力。

如何建立自己的主场优势，提升场景赋予你的能量呢？你可以试着找机会把客户邀请到你所在的公司，或者公司举办的活动现场来进行会面。当你有了主场优势，你便可以更好地掌握沟通时的节奏，展现自己的最佳状态。

三、借力不费力

借力起到的是杠杆作用，四两拨千斤，从而达到借力却不费力的效果。那么在服务高净值客户的过程中，该如何借力呢？

1. 借机构之力

好的机构本身就是最好的背书，公司的背景实力、专业能力、投资业绩等都是无形的可借力的资源。在跟进客户的过程中，与了解相关专业的同事一起配合，形成合力后，会起到事半功倍的效果。

2. 借客户之力

一位客户购买了一款产品，你便可以借客户之口告知另一位客户，借客户之力往往比你王婆卖瓜自卖自夸更有信服力。高净值客户的推荐，会潜移默化地影响甚至左右其他客户作出决策和判断。

3. 借权威人士之力

宏观大势、市场研判、行业分析等，都需要权威人士的观点输出。当一个人具有一定的知名度后，他本身的身份和光环便会发挥作用。理财顾问本身的意见对于高净值人群来讲可能并没有那么有分量，但对于权威人士的观点，高净值客户还是非常关注的。

4. 借社会之力

借社会之力是指借助某个行业当中的意见领袖的力量。这里所说的意见领袖可能是记者、活动家、慈善家等，他们有聚集优质人脉的能力，了解什么人能做什么事，不同的事情该找什么人链接。借社会之力，有时会更容易赢得高净值人群的重视和尊重。

第二节　沟通中的逻辑

一、同理心

人与人之间的沟通出现不对等的情况源自认知偏差。无论是每日沉浸在文字中的编辑，或是沉浸在数字中的会计，还是沉浸在代码中的程序员，每个人都沉浸在自己的世界里，自然拥有不同的世界观和价值观。频道不同，自然会产生沟通中的错位。

同理心是就是将心比心。当你充分了解高净值人群的生活状态、创富过程，你便会明白他们对于财富管理的策略与逻辑，当然，这还远远不够。当遇到金融产品逾期或者出现投资亏损时，你的高净值客户出现了大幅的情绪波动，开始指责、盘问你的时候，你该如何应对呢？

当你凭借着一些话术，理智地向高净值客户作出解释的时候，一切看似合乎逻辑，但你却忽略了一样重要的东西——同理心。绝大多数人往往都会高估自己的风险承受能力，所以此时，你的客户需要的是心理上的安慰。

你应转换到客户的立场，与其一起抒发负面情绪，只有这样，客户才能在情绪上慢慢放下戒备，会从刚开始的抗拒、埋怨，转变为愿意听你诉说，这时你再去解释现在的情况并提出解决方案，才会起到事半功倍的效果。

二、请教的技巧

找到你的高净值客户能力突出的地方向其请教。请教不是无知的表现，相反会最大限度地体现客户的存在感。

高净值客户在回答问题的时候，会表明他们的立场，此时你也可以适时地表达自己的看法。有时候主动示弱寻求帮助，也是一种力量，因为它会激发对方的力量。

此外，在请教的过程中，试着去探讨一些有想象空间的事情，这样会拉长谈话的时长，达到最佳沟通效果。基辛格曾说：伟大的事业源自丰富的想象力。高净值人群喜欢探讨未来之可能，想象是对未来的美好预期和憧憬，这类交流会激发他们的激情和创造力。

三、赞美的艺术

赞赏不是奉承，要避免过于夸张的赞美，要懂得收集关键的信息，找到独特的赞美方式。例如你可以夸奖你的高净值客户使用的某个物品、办公室的布置，或者是他的穿着打扮，甚至是口红的颜色。一个用心而又不失真诚的赞美会打破见面初始时的尴尬，也会找到切入点，让你的高净值客户打开话匣子。

赞美要注意分寸，见人见机行事。否则，过量或者不到位都不会取得好的效果。高明的赞赏会让人印象深刻、记忆犹新，迅速拉近你和高净值客户的距离。

四、学会提问

如何在谈话中占据主导？你需要学会提问。提问会让你更了解对方，好的提问是一种开启和引领。学会提问后，你便可在客户的回答之中发现其事业的高度和大概的资产规模。

提问问什么？个人、事业、家庭；过去、现在、未来。通过前三点，了解你的高净值客户的出身背景、兴趣爱好、创富路径、家庭结构等。通过后三点，了解他们的经历和规划。从不同的角度提问，你才可以更加深入地了解你的客户，获取到更多的有效信息。

五、倾听不是无用功

在非洲，流传着这样一个故事：国王派他的儿子去学习辨别丛林中不同的声音。年轻的王子第一次到丛林，就从嘈杂的昆虫嗡嗡声和小鸟鸣叫声中，听出狮子和大象雄浑的低吟声。之后，王子又一次走进丛林，逐渐能辨别出许多常人难以区分的声音。到后来，他竟然可以分辨蛇爬行时的沙沙声及蝴蝶扇动翅膀的声音。国王告诉王子，为了治理国家，你必须继续下去，直到能够察觉无声的危险和日出的希望。

理财顾问不仅要能说会道，还应学会做一位好的听众。鼓励客户谈论自己，谈论对事情的看法，让对方在说的过程中表达自己。你要以你的高净值客户感兴趣的方式去交谈，这会令客户觉得自己很重要。

在倾听的过程中，你要学会获取有价值的信息，学会判断高净值客户的需求和想法。只有了解了他们，才知道什么样的产品和服务更适合他们。在这个过程中，你的认同、理解又会反作用于他们对你的态度。倾听者的守口如瓶，才是一段长久关系可以持续的根本。

六、非语言符号的重要性

非语言符号是什么？其实就是除语言之外的一切非语言的传达方式，例如姿势、表情、眼神、肢体动作，以及服装、香水的选择等都具有符号意义，都可以通过人的视觉、听觉、触觉、嗅觉等感知渠道来表情达意。美国学者伯德惠斯特尔曾表示，在两个人传播的场合中，有75%的社会含义是通过非语言符号传递的。

在与高净值客户沟通时，很多只可意会不可言传的信息，要在非语言符号中去捕捉。只有理解他们的真实意图和想法，在保持原则和底线的情况下懂得变通，才能洞察高净值人群更深层次的需求，并为之匹配最合适的方案和服务。

第三节　沟通后的跟踪

一、懂得感恩

懂得感恩，不只是在别人帮了你之后真诚地说句“谢谢”。

在结识了某位高净值人士后，无论他最终是否成为你的客户，他对你的点拨或是关照，都值得你去感恩。懂得感恩的人运气都不会太差，对帮助自己的人铭记于心，也会让被感恩的人感到温暖。在一些大型活动或者客户答谢会等公开场合向客户表达感谢，不仅让客户脸上有光，你同时还赢得了更多人的支持和认可。

二、及时反馈

当沟通内容变得宽泛时，一定会产生很多亟待反馈的关键点，可能是客户关于产品和服务的一些疑问，也可能是工作之外客户的一些其他需求，你刚好可以满足和对接。这些关键点都要在沟通后及时梳理出来，并一一落实，尽快反馈给客户，向客户展现出你认真靠谱的工作态度。此外，给每个高净值客户建立档案，对沟通内容和节点进行复盘并分阶段跟进这些客户，也是工作中不可或缺的关键内容之一。

三、沟通后的收获

了解并理解高净值人群的过程，也是对人性思考的过程。高净值人群之所以能在竞争激烈的商业世界里存活，是因为他们懂得商业规则，有自己的生存逻辑和交流方式。作为服务于高净值人士的理财顾问，在与客户的沟通中，要试着建立同理心，用他们喜欢的方式与之进行交流和沟通。

沟通是一门学问，也是一门艺术。它需要学习，更需要练习。与高净值客户沟通，需要方法，更需要真诚和用心。通过沟通，你不仅可以提升自己，做成生意，还能从优秀的高净值人士身上学到很多。研究和服务高净值人群，“渔”比“鱼”可能更有价值。

9 CHAPTER

财富魔方

财富从来都没有固定的主人，流动也许是其唯一的宿命。我们用流动的思维去转动财富魔方，解锁高净值人群的财富密码。

经济学家艾琳·贝克尔曾在2003年宣称："关于财富是由什么构成的讨论才刚刚开始。"贝克尔反对围绕财富的争论总是集中在收入上，而忽视财富本身。

从古至今，财富的获取规律更像是一门隐学，很少会有人愿意将自己的财富来源公之于众。从某种意义上说，不是所有高净值人群的财富都经得起推敲，值得我们学习和效仿。

分析高净值群体的创富路径，我们会发现一些规律，这些规律就好似魔方一样，有很多个小方块，有很多层、很多面，也有不同的复原方法。只有通过不断地思考，找到每一个小方块所对应的位置，最后才能将魔方复原。

第一节　创造财富的“流”

当经济停摆、生活被按下暂停键时，我们才会发现“流动”的重要性。流动代表着繁茂的生机与无限可能，在时间的河流里，每个人都在努力寻找属于自己的财富之路。

武汉大学经济与管理学院教授伍新木说：“再好的东西不流动、不流转，也是没有价值的。黄金储备一千年、一万年，不交换又有什么价值？任何经济要素、生产要素，如果不流动、不进入市场，就是没有价值的；流动，但不与相关的要素结合在一起，也是没有价值的。土地也是如此，土地、资金、人才管理，单一的要素再好、再优秀，不与相关的要素结合在一起，也是没有效率的，不能成为现实的生产力。”

企业主是生产经营者，也是经济活动的重要主体。消费者（个人）购买商品，钱流向企业，企业根据员工所创造的价值，将财富进行二次分配，企业的钱又流回到个人手里。在经济活动中，供给和需求使钱发生了流转，在这个过程中，财富才得以分配。

高净值人群或多或少都遵循了财富流向的规律，通过“流”去发现和追随财富。从贫穷变富有，是因为抓住了财富的上升周期乘势而起；从富有变贫穷，则是在财富重新洗牌的过程中被逆流冲刷而下。掌握了“流”的规律，也就掌握了获取和守护财富的法门。

一、心流

主动创富者找到自身的价值，要从心流开始。越是顺应自己的天赋，发展自己的心流，越容易找到最佳的状态，创造更多的财富。

“心流”是一个心理学概念，指的是一种全身心投入某种活动的精神状态。提出这个概念的心理学家米哈里·契克森米哈，在其著作《心流：最佳体验的心理学》（*Flow: The Psychology of Optimal Experience*）中有这样一段描述：“这是一种完全沉浸在某件工作中的状态，在这种状态里，人感到充满活力，精神高度集中，忘记了自己和周围的一切，并且从这件工作中享受到愉悦。”

人只有充分认识自己之后，才可达到心流的状态。慢富高净值人士，他们大都出身贫苦，白手起家，最基本的诉求就是脱贫致富，改变命运。他们从尘埃里寻找机会，赚钱是他们的原动力。他们不甘于打工，都有着一颗想当老板的心，本事过硬之后就自立门户，凭借坚持不懈的努力，实现阶层跃升，改变命运。

快富高净值人群通常是技术和才能的驱动者，他们找到自己擅长的领域和方向，然后在巨大的市场里将自己的产品细分出来。他们创造个人品牌或是研究核心技术，做自己喜欢的事情，顺便也把钱赚了。

想要找到心流，需要身心合一。这就好比运动员处在巅峰状态时，力量会激发他们的潜能，使他们调整到最好的状态，拥有自信，冲劲十足。

二、区域流

选对池塘才能钓到大鱼。创造财富，其实跟钓鱼是一个道理。面对一池死水，不管你是多好的渔夫，都不可能钓到鱼。但若在鱼多的流域中，你就能轻轻松松满载而归。

河流聚集的地方，也是经济最发达的地区。从城市化趋势来看，大城市化、都市圈化是不可逆的。因为人、财、物的聚集能产生规模协同效应，城市圈人口红利又会催生房价、消费，带动城市经济发展。商机越多，赚钱的可能性也就越大。

每个时代的浪潮都会推动一批弄潮儿涌入江河。和选择城市一样，选择一个创富行业，决定了你是踏入大江还是大河。你是谁，你的价值能否得以展现，其实都取决于你在哪里。

三、人流

一个人在向上攀升的过程中，需具备两个重要的能力：一是能把自己的思想灌输给别人的能力；二是能从别人那里赚钱的能力。

大部分创业者在创业初期是很难准确预测自己事业的发展趋势的，可他们知人善用，懂得拉拢人心，便拥有了一批愿意为他们卖命的人才。

人脉就是财富。它就像一棵树，由小到大、由低到高不断生长。它亦像一张网，因有众多的节点相连接，才坚不可破。随着时间的推移、阅历的积累，高净值人士会拥有更多优质的人脉进而获得更多的财富，从而形成富者恒富，强者恒强的局面。

四、认知流

同样一只青蛙，生活在井底或是池塘，注定会看到不一样的天。同样一只驴，在磨坊拉磨或是跟随主人外出旅行，也注定会看到不一样的风景。高净值人群的眼界高低，以及对世界不同的认知，会导致他们做事的方式和思考问题的角度不同。

多年前看过一部电视剧《天道》，印象深刻。古镇来了高人，小镇男青年们想让大人物点拨一下，跟着大人物一起赚钱发财。结果，我们看到了这群小镇青年虽然跟着大人物做事，却因为认知层面的不同，最终形成不同的人生结局。男主丁元英是从国外回来掌控大量财富的对冲基金经理，是一位从狼嘴里夹肉、刀尖上舔血的资本猎人。他拥有自己对于人性的深刻理解，他把支配人性价值取舍的行为称作文化属性。强势文化造就强者，弱势文化造就弱者，这是不以人的意志为转移的规律。

高净值人群的确拥有强势文化，前文中曾介绍过，很多慢富高净值人士都是白手起家的。他们首先在精神上就有别于其他人，不甘于平庸，拥有责任感和目标感，自立自强、不等不靠。但有些人观念上的问题就出在一个“靠”字上，在家靠父母，出门靠朋友，靠上天……除了自己靠谁都行。还总是抱怨，总是等靠要，在精神上一直是“跪着”的状态，其文化属性一直处于弱势，很难改变固有的思维逻辑。

认知层次决定了一个人思考的维度和做事的方法，甚至赚钱的等级。身处在一层和身处在三十层的视野自然不一样，眼界决定高度，为什么很多企业家能赚到大钱，因为他们能看到别人看不到的，做别人不敢想或者想不到的，他们总能先人一步作出决策。

五、财富流

在《资本论》第一卷中，马克思指出：“假如必须等待积累才能使某个资本增长到能够修建铁路的程度，那么恐怕直到今天世界上也还没有铁路。但是，集中通过股份公司转瞬之间就把这件事完成了。”

财富流就是资金的融通。货币作为实现商品交换的媒介手段，处在流通中，不断为实现商品交换服务。在一定时间内，多种商品交换活动继起，同一单位货币就可以为多次商品交换服务，从而实现多次周转，发挥钱的最大价值和作用。金钱永不眠的意思是什么？钱不会睡觉，它可以一直流动下去，在流动中实现分配。

美国石油大王洛克菲勒曾对资金进行形象地比喻：“资金对于商人，如同血液对于人体，血液循环欠佳容易导致人体机理失调，资金运用不当则会导致商业失败。因此，如何保持充足的资金并灵活运用资金，是每一个商人都必须了解的事情。”

在高净值人群中，有一部分人非常保守，以不贷款为荣，也有一部分人懂得利用资本变现。在走向富裕的过程中，所有的财富创造者都会控制并扩大自己的财富流。创造核心价值，然后撬动杠杆。其实，创造价值就像开车，只用力踩油门是远远不够的，想实现跨越式发展，只有换挡才能实现。

作家刘墉曾写过这样一段话：“一口田的旁边有神的保佑是‘福’；一口田上面加个屋顶是‘富’；一口田长了脚是‘逼’，是要你去行动，去进取，得到那一口田，你才能成功。”富离不开福气，离不开行动，更离不开天时地利人和的多重加持。

第二节　转动财富魔方，解锁财富密码

财富人生的进阶之路，如同一个魔方转动的过程。在创造财富的过程中，不同要素的组合方式就像魔方的排列规律，充满着未知和变数。如何在混乱中寻找到规律，其实是有迹可循的。财富从来都没有固定的主人，流动也许是其唯一的宿命。让我们用流动的思维去转动财富魔方，解锁高净值人群的财富密码。

一、创富路径

正所谓“君子爱财取之有道”，有细水长流之道，也有突飞猛进之道，还有继承家业之道。即便是财富相当的高净值人士，由于他们创富路径的不同，他们富有的状态也会不尽相同。

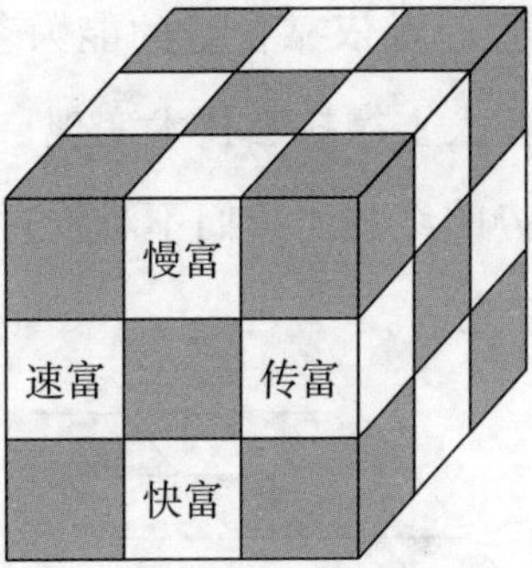

二、创富地域

从国外到国内，从北上广深到二线城市，从市辖区到县级市，不同的地域经济拥有不同的优势和特色，高净值人群因所在地域的不同而拥有不同的创富基础和选择。

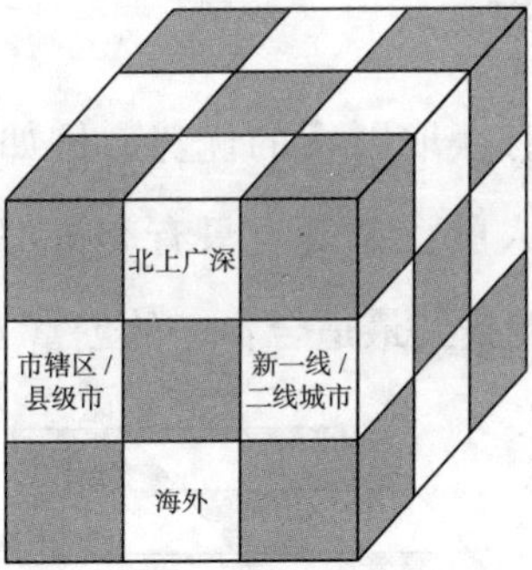

三、创富职业

一个人所能获取的财富数量级，与他的职业类型有一定的关系。企业所有者雇佣他人为其工作，通过经营企业获取利润；经营管理者依靠自身的能力获取工资、奖金、公司股权等；专业人士靠核心技术变现；投资人依靠前瞻性判断力获取趋势的红利。我们不难发现，职业类型是获取财富的关键因素之一。

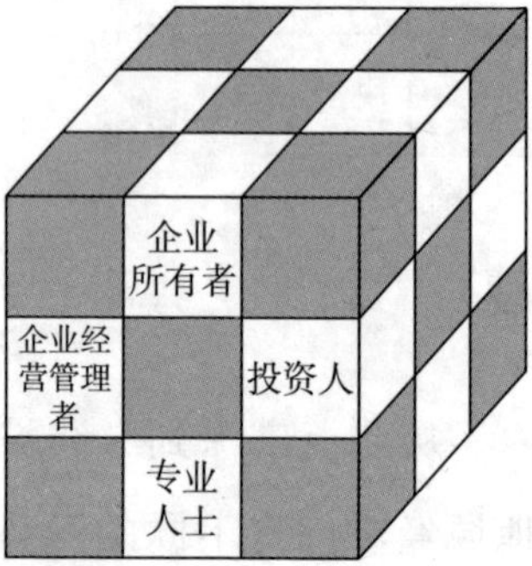

四、创富优势

每个人都拥有获取财富的优势，例如个人的核心竞争力、经验或者是人脉关系等。只有充分把握并发挥好自己的优势，我们才能找到最适合自己的创富方式。

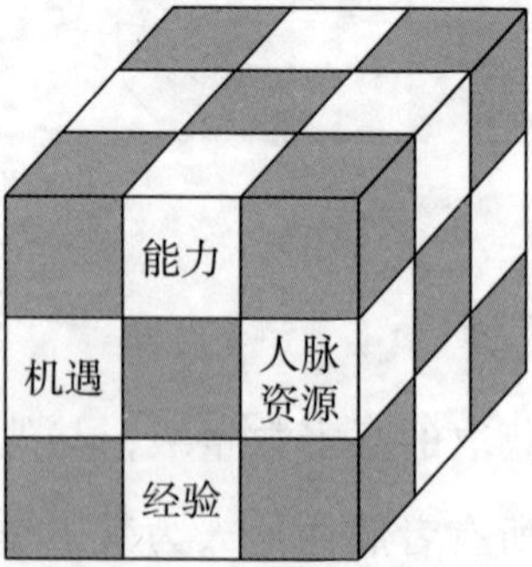

五、创富资源

利用不同创富资源，人们会产生不同的赚钱逻辑。通过售卖商品获利；通过人脉拓展业务；通过驱动资本撬动财富杠杆；通过整合产业谋求长远的竞争优势……只有充分整合、利用自身的优势资源，我们才会成为财富的青睐者。

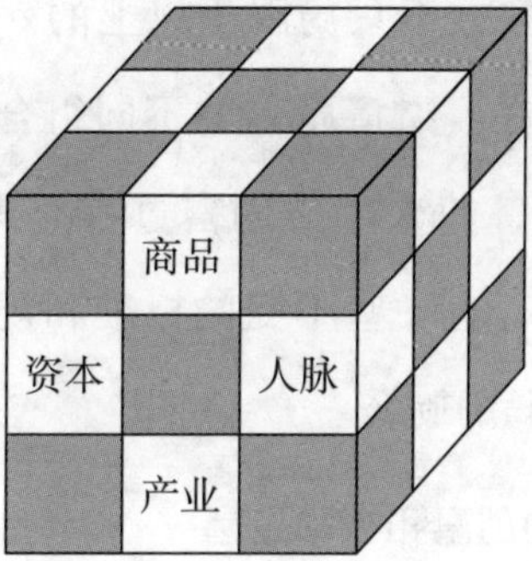

六、财富流转

人生有太多不确定的因素，财富也很难一直维持原有的价值。高净值人群是阶段性的财富拥有者，如何持续创造财富，如何掌握享富的尺度，如何实现守富、传富，这些都是高净值人群的必修课。

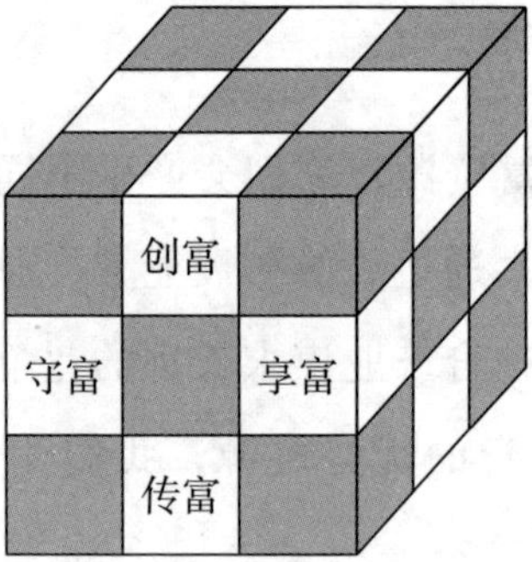

其实，财富魔方不只局限于以上的六种分类，千变万化是它的魅力所在。财富魔方的不同组合方式，就如同人世中的因缘际会，使人生的创富过程充满了无尽的想象。在这个过程当中，有一些不变的标准和规律，也有一些变量会左右财富密码的旋转。

变量一：主动创富和被动致富

主动创富者善于进攻，在攻城拔寨中获取财富，成为人生赢家。但没有人能成为战无不胜的英雄。一个人成功的方式，也可能会变成阻碍他发展的绊脚石。

被动致富者没有掌握主动创富的思维方式，本以为用之不尽的财富终归会有倾尽的一天，得而复失的感觉比从未拥有过的感觉更加悲惨。

在保持“高净值”的过程中，守和攻同样重要，如果不能遵循这个守恒定律，必定会被甩出“高净值”的圈子。

变量二：有形资产和无形资产

资产，只是财富值的一种体现，而财富的概念中又包含有形资产和无形资产。有的人有很多有形资产，例如厂房、设备等，但金融资产却很少。可如果他将有形资产出售，有形资产就转化成了金融资产。有的人有形资产很少，但他拥有技术专利、人脉资源，或者强大的个人 / 企业品牌影响力，这些无形资产也可以通过适当的方式转变为有形资产。

有形资产和无形资产都可以成为一个人的财富底气，资产变现后的个人或是家庭都能以“高净值”的形式存在。

变量三：技术革新

没有什么是一成不变的。每一次的技术革命都会推动新的产业诞生，资金流向随着产业结构的变化而变化，高净值人群也在这一过程中涌现。

如今，移动互联网打破旧世界的规则、行业壁垒和地域空间的限制，相当于又一次的工业革命。5G、人工智能、区块链等新兴技术接踵而来，引领新一波的经济浪潮。

变量四：经济周期

万物皆有周期。我们生活在经济周期中，会经历数次经济的增长、停滞、衰退和危机。当经济下行时，市场情绪悲观，人们会认为经济有可能再也无法恢复；可当经济好转、繁荣重启之后，人们又会觉得良好的经济态势会一直持续下去。这是一个看似简单，实际却很复杂的经济理论：你以为你在努力，其实你只是因为乘坐了“经济上行”的电梯，才获得了赚钱的机会。

变量五：人

法国思想家帕斯卡尔有句经典的名言：人是一株有思想的芦苇。人的肉体无比脆弱，但人依然比宇宙间任何东西都要高贵，因为人具有灵魂。

肉体本身的脆弱会让人在灾难、疾病面前变得不堪一击，即便家财万贯的高净值人士也抵挡不住变老、生病和死亡。人因为会思考，所以善变。财富积累到一定的量级时，人和周围世界的关系就会发生变化。人只有学会驾驭财富，财富才能更好地为人服务。

一直以来，财富都是被少数人操纵着，很少有人能一直富有。富有是一种状态，而不是一个结果。在时代的洪流中，没有人能置身事外。有人感到无力，有人选择坚守；有人随波逐流，有人迎难而上；有人脱颖而出，有人默默无闻。机遇和改变，往往就发生在这大时代的变革与动荡之中。

后记

AFTERWORD

疫情期间，笔者坐在家中书房创作此书。楼下的木棉花开了又落，转眼间又到凤凰花开的时节。深圳这座城市没有四季，花期似乎是时间的记录者。即便疫情给工作和生活按下了暂停键，但人的思考和交流却从未停止。

曾经记录下的人和事随时都会发生变化，此刻跃然纸上的文字必定只能代表当下，在发稿的瞬间，笔者内心诚惶诚恐，直到印刷的那一刻都觉得还可以更好。

出一本书的难度不亚于生下一个孩子，作为新作者，创作中的压力和纠结常常如影随形。本书的第二作者是笔者的先生周昊，他担负起构建本书框架的重要工作，并对书的内容作了专业的梳理和完善。

本书中大量的素材来自笔者过去 15 年财经媒体的职业经历和从事财富管理工作时的所见、所闻、所访。从大学时期开始参与校园节目录制，到毕业后从事电视访谈节目的采访工作，笔者深知每个人都是独一无二的个体，对理性人物背后那些感性故事极度痴迷。对话和倾听成了笔者工作和生活的常态。感谢这些年笔者采访过的嘉宾们，因为他们，笔者看到了丰富多彩的人生。

从财经媒体转型到财富管理行业从事对高净值人群的研究，从旁观者到实践者，再到记录者，笔者一直试着在这个循环往复的过程中找到最佳的平衡点，这些难得的经历已然融入血液、深入骨髓，成为笔者生命中必不可少的一部分，给予笔者能量与滋养。庆幸自己并非只是在变老，而是一直在成长。所以一路走来，内心充满无限感恩。

首先要感谢的是吴晓波老师，第一次读他的文字时，笔者便被深深吸引，之后一路追随。因为遇到吴老师，笔者成为中国第一批财经社群的实践者。五年间，笔者与很多同路人在吴晓波书友会里发生了很多美好的链接。细想起来，笔者人生的几次重要转折都离不开吴老师的引领和点拨，正如他所说的“这一生中，你遇到什么样的人，就有机会成为那样的人”。

其次，笔者还要感谢和君商学院院长王明夫先生，他用人生如莲、三度修炼的精神影响了一代又一代的和君人，他的精神已然成为和君学员一生最宝贵的财富。同时，笔者还要感谢导师，海王集团执行总裁高锦民先生，三年的指导与陪伴，开启了笔者内心的深层认知，让笔者看到了更广阔的世界。

笔者还要感谢蓝狮子企业研究院主编袁啸云先生，他对本书的策划立下汗马功劳。感谢中国经济出版社，特别要感谢本书的责任编辑王骏雄女士对本书编校工作的辛勤付出。

感谢中资海派出版公司黄河先生、桂林女士、董莹雪女士对本书的大力支持。

感谢所有为此书贡献素材的朋友们。感谢胡润先生接受笔者的采访，感谢胡润研究院的邱瑞良先生，感谢日力集团董事长徐勃、陈昭夫妇，贵天钻石总经理王东海、郭海华夫妇，普天投资董事长吴转普先生。感谢好友孙彤先生、李巨虹先生、文静女士在书籍创作过程中给予笔者的帮助和支持。

此外，笔者还要特别感谢下列朋友及同仁：陈文燕、程彦哲、邓显亮、杜恒、方雅、高继英、顾小伊、何国清、何梦原、黄欢、姜宁、蒋挺、李玲、李婷、李小跳、林乐慧、林丽、刘超、刘琴、刘侠风、刘晓波、刘志强、陆丽娜、罗辑、牟敦国、南春雨、裴海亮、沈彭浩、沈知国、守正、宋宇、涂青、汪洋、王海珠、王明贵、王婷婷、吴珩、熊时实、杨洪君、叶荣芳、余跃龙、岳恬、张红梅、张瑞、张睿潇、张是、赵楠、甄宜蒙、朱晔、邹亚丽，以及一些不愿意透露姓名的朋友们。

感谢全国吴晓波书友会、和君商学院、和君董秘帮、高家帮导师组、深圳读书会、深圳读书会金融分会、汇生国际研究院、家族办公室研究中心、国际资产规划师协会、高净值人群研究所、依丽一家亲、巾帼潮商会、深圳红颜会、高手之路及大中华资管圈等社群的伙伴们。

感谢本书的所有推荐人，其中有笔者敬重的师长、知名的行业前辈，以及商界、金融界以及媒体界的朋友们，感谢他们的信任与支持。

感谢所有的亲人给予笔者的支持。笔者的父亲走得突然，生前的愿望之一便是写一本书。如果说笔者在语言和文字上还算有一些天赋的话，那都是源于笔者的父亲和母亲对笔者的影响，所以，仅以此书献给笔者的母亲孙亚文女士和在天堂的父亲姜红旗先生。笔者的女儿周子涵八岁了，笔者想把本书作为礼物送给她。

本书是笔者对财富认知的阶段性成果。作为处女作，本书还有很多不足，请大家多多包容和指正。

美国作家弗拉基米尔·纳博科夫在《文学讲稿》中说："在那无路可循的山坡上攀爬的是艺术大师，他登上山顶，当风而立。你猜他在那里遇见了谁？是气喘吁吁却又兴高采烈的读者。两人自然而然拥抱起来了。"

最后，笔者想要感谢在茫茫人海中成为本书读者的各位朋友。愿文字产生的神秘力量令从未谋面的我们互相牵引。希望无论何时何地，无论经历什么，我们都不要放弃追寻梦想的机会，愿我们都能成为更好的自己，相信只要永不放弃，总会看到奇迹！

姜峰

2020年5月10日